PAUL FONTIN

Ancien Secrétaire de l'Amiral Aube

GUERRE ET MARINE

ESSAI

SUR

L'UNITÉ DE LA DÉFENSE NATIONALE

Avec une Préface de M. A. MESSIMY

DÉPUTÉ, RAPPORTEUR DU BUDGET DE LA GUERRE

> Si n[illegible], c'est pour que ce qui reste de la France nous restât tout entier.
> GAMBETTA.

> Dans une guerre contre l'Allemagne, toutes les victoires possibles sur mer ne compenseraient pas un désastre à la frontière.
> Amiral RÉVEILLÈRE.

BERGER-LEVRAULT & Cie, ÉDITEURS

PARIS | NANCY
5, rue des Beaux-Arts, 5 | 18, rue des Glacis, 18

1906

BERGER-LEVRAULT ET Cie, ÉDITEURS

PARIS, 5, RUE DES BEAUX-ARTS — 18, RUE DES GLACIS, NANCY

Questions de Défense nationale, par le général Langlois, sénateur, ancien membre du Conseil supérieur de la guerre. 1906. Un volume in-12, broché. **3 fr. 50**

La Belgique et la Hollande devant le Pangermanisme, par le général Langlois. 1907. Un volume in-12, avec un plan des fortifications d'Anvers, broché . . . . **1 fr. 50**

L'Art de commander. *Principes du commandement, à l'usage des officiers de tout grade*, par le capitaine André Gavet. Ouvrage couronné par l'Académie française. 2e édition. 1905. Un volume in-12, broché . . . . **2 fr. 50**

Mise au point nécessaire. *La Question militaire. — La Question du duel. — La Question juive. — L'Énigme sociale. —* **Le Péril jaune.** 1906. Un volume grand in-8 de 440 pages, broché . . . . **4 fr.**

Dressage de l'Infanterie en vue du combat offensif, par le commandant de Grandmaison. Avec une préface de M. le général Langlois, ancien membre du Conseil supérieur de la guerre. 2e édition. 1906. Un volume in-8, br. **2 fr. 50**

Méthode d'Instruction du Soldat (*Entraînement, Discipline, Instruction. Progression de l'instruction des jeunes soldats*, par Ch. Pont, capitaine au 37e régiment d'infanterie, breveté d'état-major. 1906. Un volume in-8, broché. **1 fr.**

Les Réquisitions militaires en temps de guerre. *Étude de droit international public*, par Ch. Pont, capitaine d'infanterie breveté, docteur en droit. 1905. Un volume grand in-8, broché. . . . . **4 fr.**

Comment se défend un Fort d'arrêt, par le lieutenant-colonel breveté du génie L. Piarron de Mondésir. 1906. In-8, broché . . . . **1 fr. 25**

L'Officier allemand. *Structure du corps d'officiers. — Condition morale et matérielle de l'officier : discipline, recrutement, avancement, instruction, soldes, retraites. — Organisation du commandement*, par le capitaine André Gavet. 1906. Un volume grand in-8 de 314 pages, broché . . . . **6 fr.**

La Guerre russo-japonaise. *Historique. Enseignements*, par le chef d'escadron d'artillerie breveté R. Meunier, professeur à l'École d'application de l'artillerie et du génie. 1906. Un volume grand in-8 de 672 pages, avec 19 figures dans le texte et 17 cartes hors texte, broché. . . . . **15 fr.**

Le Siège de Port-Arthur, par Clément de Grandprey, colonel du génie, breveté. 1906. Un volume in-8 de 150 pages, avec 11 figures dans le texte et 8 planches hors texte, broché. **5 fr.**

L'Artillerie japonaise, par M. C. Curey, capitaine d'artillerie. 2e édition. Avec une préface du général de division Lebon, commandant le 1er corps d'armée. 1906. Un volume in-8 de 183 pages, avec 75 figures, 2 cartes et 3 planches, br. **5 fr.**

Les Armées et les Flottes militaires de tous les États du monde. *Composition et Répartition en* **1903.** Un volume in-8, broché. . . . . . **1 fr.**

L'État militaire des principales Puissances étrangères en 1902. 8e édition, augmentée et mise à jour, par J. Lauth, chef d'escadrons de cavalerie, breveté d'état-major. Un volume in-8 de 1055 pages, broché. . . . . **7 fr. 50**

Manuel diplomatique et consulaire. *Aide-mémoire pratique des chancelleries*, suivi d'un appendice à l'usage spécial des agents consulaires, par R. Monnet, vice-consul de France. Nouvelle édition, mise à jour par un *Supplément* et augmentée d'une table alphabétique des matières. 1905. Un volume in-8 de 560 pages, broché. . . . . **7 fr. 50** — Relié en percaline gaufrée. **8 fr. 50**

Le Droit de visite et la Guerre de course. *Notions pratiques de droit maritime international et de législation commerciale. Applications aux guerres maritimes contemporaines*, par E. Duboc, lieutenant de vaisseau en retraite. 1901. Un volume in-8 de 302 pages, broché . . . . **5 fr.**

Précis de Droit maritime international et de Diplomatie, d'après les documents les plus récents, par A. Le Moine, capitaine de vaisseau, licencié en droit. 1888. Un volume in-8 de 310 pages . . . . **6 fr.**

Nancy, imp. Berger-Levrault et Cie

GUERRE ET MARINE

OUVRAGES DE PAUL FONTIN

ANCIEN SECRÉTAIRE DE L'AMIRAL AUBE

I — Ouvrages en collaboration avec le commandant VIGNOT

ANCIEN OFFICIER D'ORDONNANCE DE L'AMIRAL AUBE
ANCIEN CHEF ADJOINT DU CABINET MILITAIRE DE M. LOCKROY

Publiés sous les pseudonymes : Commandant Z... et H. MONTÉCHANT

Réformes navales. 1899. Volume in-12 de 316 pages . . . **3 fr.**

Les lois du nombre et de la vitesse dans l'art de la guerre. Le travail des armées et des flottes. 1894. Volume in-12. . . . . **1 fr. 50**

Essai de stratégie navale. 1893. Volume in-8° de 347 pages, avec figures . . . . **10 fr.**

Les Guerres navales de Demain. Préface de l'amiral Réveillère. 1890. — *Épuisé.*

II — Ouvrages publiés sans collaboration

Le Péril maritime (1888). — *Épuisé.*

Encore le Péril maritime (1889). — *Épuisé.*

La Question d'Orient dans la mer Rouge (1890). — *Épuisé.*

Zanzibar et le Conflit anglo-allemand à la côte orientale d'Afrique (1890).

Les Sous-marins et la Politique navale de l'Angleterre (190[illegible]).

PAUL FONTIN

Ancien Secrétaire de l'Amiral Aube

GUERRE ET MARINE

ESSAI

SUR

L'UNITÉ DE LA DÉFENSE NATIONALE

Avec une Préface de M. A. MESSIMY

DÉPUTÉ, RAPPORTEUR DU BUDGET DE LA GUERRE

> Si nos cœurs battent, c'est pour que ce qui reste de la France nous reste tout entier. — GAMBETTA.

> Dans une guerre contre l'Allemagne, toutes les victoires possibles sur mer ne compenseraient pas un désastre à la frontière. — Amiral RÉVEILLÈRE.

BERGER-LEVRAULT & Cie, ÉDITEURS

PARIS	NANCY
5, rue des Beaux-Arts, 5	18, rue des Glacis, 18

1906

AVERTISSEMENT DE L'AUTEUR

Le nouveau volume que nous soumettons à la bienveillante attention du Parlement et du public militaire a été écrit au lendemain du coup de théâtre de Tanger, sous le coup de l'émotion qui fit alors battre les cœurs de tous les Français. La plupart des chapitres qui le composent ont déjà paru, sous forme d'articles de revue, dans le courant de l'été de 1905.

Mais le sujet traité n'a pas vieilli; nous serions même tenté de dire qu'il a rajeuni, car on a vu se produire, au cours des dix derniers mois, un certain nombre de faits nouveaux, de la plus haute importance, et qui, tous, militent en faveur de notre thèse.

C'est, d'abord, la conférence d'Algésiras, dont les demi-solutions laissent peser sur l'Europe une situation pleine d'incertitude, que les convulsions intérieures de l'empire des tsars ne sont pas faites pour améliorer.

C'est, ensuite, le résultat des élections générales. Nous avons aujourd'hui, au Palais-Bourbon, une majorité d'action républicaine, incontestée et incontestable, résolue à clore l'ère des aventures coloniales pour se donner tout entière à l'étude des grands problèmes économiques et sociaux.

C'est la courageuse franchise d'un ministre des finances, M. Poincaré, qui, le premier, a mis les représentants du pays en face des réalités budgétaires et montré l'impérieuse nécessité d'économies profondes.

Ce sont, enfin, les grandes manœuvres navales de France et d'Angleterre, qui ont fait éclater, une fois de plus, la complète impuissance des ruineuses escadres, aussi bien pour la défense que pour l'attaque des côtes, des ports et du commerce maritime.

Le Parlement tiendra à honneur de dégager la philosophie de tous ces faits.

La parole est à la nouvelle majorité.

Elle dira que le pays républicain, avant tout pacifique, exige de ses représentants une politique extérieure exempte de provocation.

Elle dira que nos programmes maritimes doivent être étroitement subordonnés à la politique générale de la République[1].

Elle dira que le sort du pays ne se jouera pas sur mer, mais sur terre, et que si l'armée n'est pas à la hauteur de ses devoirs, tous les cuirassés du monde ne retarderont pas d'une heure la catastrophe déchaînée par l'ouragan de l'invasion germanique.

1. On verra, dans le cours du présent volume, que le contre-projet défendu par l'amiral Fournier, devant le conseil supérieur de la marine, n'est pas autre chose que la réalisation de cette double idée : suspendre pendant deux ans la construction de nouveaux grands navires; construire *sans*

Mais entendons nous bien. Nous ne proposons pas de renoncer à la flotte de haut bord. Loin de là. Nous sommes et nous entendons rester le fidèle disciple de l'amiral Aube. Et les actes ministériels de ce grand précurseur établissent qu'il n'eut jamais la pensée de renoncer aux navires du large.

Nous nous adressons à tous les hommes de bon sens, à tous les esprits capables de réflexion, et nous leur disons, très simplement :

Ne vous laissez pas hypnotiser par un mot, par une formule, par cette conception de la guerre d'escadres dont la France n'a que faire et qui, aujourd'hui plus que jamais, n'a de sens et d'utilité que pour l'Angleterre et les grandes puissances insulaires, Japon, États-Unis (1).

Le sous-marin, devenu pratique, nous garantit au moins la neutralité bienveillante de l'Angleterre ; c'est

---

désemparer la centaine de sous-marins nécessaires pour assurer, contre la puissante marine anglaise elle-même, l'inviolabilité de nos fronts de mer.

On parle d'urgence, a dit l'amiral Fournier, mais l'urgence d'avoir quelques cuirassés en plus de ceux du programme de 1900 plutôt que cent submersibles, cette urgence est-elle démontrée ?

Or, si on construit ces quelques cuirassés inutiles, on s'interdit *ipso facto* la construction rapide des submersibles indispensables.

1. Car, en fait, au regard des États de l'ancien monde, l'Amérique est une île. Et, nous l'avons montré dans ce volume, la position insulaire, qui était autrefois une sauvegarde, est devenue, de par le sous-marin, une cause capitale de danger et de ruine.

le service que le cuirassé ne nous rendra jamais. Profitons-en pour reporter sur l'armée de terre les économies que l'arme nouvelle nous permet de réaliser dans le budget naval.

C'est le chancelier de fer qui nous l'a dit :

« La prochaine guerre — la guerre SUR TERRE *— sera si épouvantable que celle de 1870 paraîtra un jeu d'enfants. »*

Et il ajoute :

« Le vaincu sera saigné à blanc. »

Donc, prenez garde, réfléchissez.

Et n'oubliez jamais la parole de l'amiral Réveillère :

« Dans une guerre contre l'Allemagne, toutes les victoires possibles sur mer ne compenseraient pas un désastre à la frontière. »

Paul FONTIN.

Septembre 1906.

PRÉFACE

Mon cher Fontin,

Vous exposez dans *Guerre et Marine* trop d'idées qui nous sont communes pour que vous me sachiez mauvais gré de constater que nous ne sommes pas d'accord sur tous les points.

Je ne crois pas, notamment, que nous glissions bon gré, mal gré, d'une façon irrésistible et inéluctable, « sur la pente au bout de laquelle il n'y a plus que des solutions militaires » ; et le grand conflit qui jettera les uns contre les autres, dans une lutte gigantesque et effroyable, tous les peuples du vieux continent, ne me paraît pas du tout être le terme fatal et certain de notre histoire contemporaine.

Je me prononcerais même volontiers pour la quasi-certitude d'une longue ère de paix européenne si je faisais abstraction du seul homme qui me paraisse être une continuelle menace pour la tranquillité des nations : je considère que, seul dans le vieux monde, le monarque singulier, inquiétant et redoutable qui règne à Berlin peut prendre sur lui la responsabilité sanglante d'une grande guerre; et l'année ne sera peut-être pas à son terme que quelque fantaisie impériale inopinée aura donné le signal des rencontres et des combats aux peuples, qui n'aspirent qu'à vivre dans la paix.

Mais les peuples pourtant, chaque jour un peu plus libres, un peu plus maîtres de leurs destinées, même dans le puissant empire autocratique et césarien qu'est l'Allemagne, les peuples donnent aujourd'hui à réfléchir à leurs princes : la guerre russo-japonaise, le grand mouvement d'émancipation qui l'a suivie et qui trouvait, hier encore, son expression à la douma sont des leçons qui doivent être entendues d'un bord à l'autre de la Vistule; et je crois l'empereur Guillaume trop fin et trop avisé pour ne pas les avoir comprises.

Il n'empêche que tant qu'il existera dans le monde, et surtout en Europe, des puissances de proie, des monarques ivres d'orgueil guerrier et envieux de la gloire militaire de leurs aïeux, toutes les nations sans exception, mais surtout les nations vraiment libres comme la République française, devront se tenir constamment prêtes à repousser des attaques toujours possibles et à faire très chèrement payer leur audace et leur violence aux monarques agresseurs. Notre devise doit être la maxime, vieille de plus d'un siècle, que formulait, dans son *Essai sur la paix perpétuelle,* le plus grand des philosophes allemands :

« Le jour viendra sûrement où se constitueront les États-Unis d'Europe ; mais jusqu'à ce moment suprême chaque peuple devra garder la main sur la garde de son épée ; autrement, il risquerait de disparaître avant ce grand jour. »

J'en ai assez dit déjà pour que vos lecteurs constatent que, si je me refuse absolument à penser que la guerre soit, au vingtième siècle, un « mal nécessaire », du moins suis-je d'accord avec vous, avec l'amiral Réveillère, avec tous ceux qui savent regarder en face les difficultés et les périls, pour affirmer que notre principal effort militaire doit avoir pour but la défense de notre frontière de l'Est. Aucun adversaire autre que l'Allemagne ne peut nous frapper au cœur. C'est à préparer la guerre continentale, sur les Vosges et sur le Rhin, que doit être consacré notre principal effort en argent et en hommes. Ce n'est que le jour où l'Allemagne serait devenue une république libre que nous pourrions songer à devenir une très grande puissance navale : ni notre population stationnaire, ni notre formidable dette, ni le *Kaiser* ne nous permettent de disperser nos énergies et de chercher à entretenir simultanément une des premières armées et une des premières flottes du monde. Pour longtemps encore, comme vous le dites fort bien, « les intérêts vitaux de la France ne sont pas sur l'eau, mais à ses frontières de terre, et c'est sur terre que se dénoueront les luttes impliquant l'existence même de la patrie ».

Comment obtenir des quelque trois cents millions que nous consacrons à notre armée de mer un rendement maximum et un effet utile aussi intensif que possible, qu'il s'agisse de lutter pour défendre notre propre sol contre un débarquement, nos territoires coloniaux contre une invasion ou nos villes côtières contre un bombardement venant du large ? Et comment tirer d'une situation géographique unique, qui commande les plus grandes routes maritimes du monde, tous ses avantages ?

Toute la question est là !

Le torpilleur était déjà, entre des mains habiles et hardies, un instrument précieux pour la défense des côtes et pour les raids audacieux au loin : son action pourtant restait incertaine et le succès de ses attaques problématique, sous le feu des canons à tir rapide dont quelques coups heureux peuvent envoyer par le fond toute une flottille. Le sous-marin, — ou pour mieux dire le submersible amené au point de perfection où l'a conduit notre commun ami Laubeuf, — peut accomplir sinon sans péril, du moins presque à coup sûr, toutes les opérations de surprise où le torpilleur avait de multiples chances d'être coulé et de disparaître avant d'avoir achevé sa tâche. Les succès de l'*Aigrette* et de ses similaires auraient dû être le signal d'une transformation complète de notre politique navale : M. Thomson a obtenu du Parlement de consacrer 270 millions à construire six cuirassés mastodontes; combien plus efficace et plus utile eût été l'emploi d'une somme égale nous dotant de cent submersibles autonomes de fort tonnage et de grand rayon d'action ! Nous serions, avec une telle flotte sous-marine, maîtres du pas de Calais, de la Manche, du détroit de Gibraltar, du passage entre la Sicile et Bizerte, pour ne parler que des mers d'Europe. Les flottes ennemies les plus formidables seraient réduites à naviguer à des milliers de milles de nos côtes, sans action, sans puissance et désormais inutiles.

Renoncer, dès maintenant, à construire désormais aucun cuirassé peut paraître, je le reconnais volontiers, très imprudent et tout à fait excessif. Qu'on réduise simplement, pour le moment, d'un tiers ou de moitié le budget de construction des forteresses flottantes ! Que tout le surplus soit consacré à créer les flottilles sous-marines qui peuvent, par une révolution heureuse, faire de notre pays la nation sinon la plus puissante, du moins la plus redoutable au point de vue naval [1].

Pour mener à bien une révolution semblable, pour substituer à nos escadres de cuirassés de haut bord, superbes, magnifiques, hérissés de canons gigantesques, quelques flottilles de bateaux sans artillerie, sans confortable, sans esthétique et sans beauté, quel effort ne faudra-t-il pas

---

1. Ces lignes étaient sous presse quand se sont terminées les manœuvres de l'armée navale dans la Méditerranée. Leur résultat, les conclusions qu'en a tirées leur éminent directeur, l'amiral Fournier, ne font que donner plus de poids à notre propre opinion. (Note de M. Messimy).

faire! Les préjugés, les traditions dresseront mille embûches sur le chemin de ceux qui croient bien servir leur pays en s'engageant dans cette voie nouvelle.

Et non seulement la plupart des amiraux et des officiers, les grands conseils de la marine opposeront une résistance formidable, mais les villes maritimes elles-mêmes protesteront avec indignation, et se croiront déshonorées le jour où leurs bassins n'abriteront plus qu'un petit nombre de navires de haut bord :

Rapporteur de la marine, en 1904, je fis ressortir par des chiffres précis l'impossibilité, pour le port de Toulon, de construire dans de bonnes conditions des bâtiments de fort tonnage. Effectivement, depuis lors, aucun navire important n'a été mis en chantier aux ateliers du Mourillon ; par contre une commande de dix submersibles leur a été confiée. La fierté des Toulonnais souffre cruellement de cette atteinte portée à l'amour-propre local.

Jadis, lentement parachevés, les grands croiseurs comme la *Jeanne-d'Arc* ou le *Dupetit-Thouars* réjouissaient huit ou dix années durant une population orgueilleuse et satisfaite de voir sans hâte se construire et s'équiper sous ses yeux de beaux vaisseaux de guerre; la compensation est bien médiocre, bien mince, et surtout bien peu reluisante qui substitue à ceux-ci des bateaux sous-marins, de dimensions très réduites, fort laids d'aspect, sans élégance et relativement bon marché.

Et pourtant cet affreux petit bateau, avec un peu de chance, beaucoup d'habileté et encore plus d'audace, peut en quelques minutes réduire à l'état d'épave le grand navire rapide et superbe. Il peut surtout, dans l'ordre d'idées qui nous occupe tous deux, devenir l'instrument d'une politique navale nouvelle, politique économique et pourtant autrement efficace que celle que nous persistons à suivre.

Il faut, du reste, convenir que les individus sont rares qui, dans notre pays, — dans les Chambres et en dehors du Parlement, — veulent examiner le problème de la guerre maritime non pas en soi, mais en liaison avec les autres problèmes de même ordre : défense du sol de la patrie et défense des territoires français hors d'Europe. Spécialistes des questions militaires, navales, coloniales, tous travaillent avec une louable ardeur : presque personne ne s'avise qu'il ne s'agit pas de résoudre une série de problèmes distincts, mais au contraire d'en trancher un seul : défendre la France et ses grandes colonies de la façon la plus efficace et la plus puissante, au meilleur marché possible, aussi bien du côté de la mer que de celui de la terre.

J'ai étudié, l'an dernier, comme rapporteur de la commission extraparlementaire de la marine, la manière dont s'effectuait la liaison entre les trois départements de la guerre, de la marine et des colonies pour mener à bien l'établissement des points d'appui hors d'Europe. J'ai dû reconnaître que cette liaison n'était, en fait, que toute passagère et accidentelle, et que, en réalité, des cloisons presque infranchissables séparaient ces trois « administrations-sœurs » ; des sentiments de fraternité amicale existent peut-être entre elles, mais bien rares sont les occasions où ils peuvent se manifester.

Pour reprendre le cas que j'avais étudié avec quelque détail, — la création et l'organisation des points d'appui, — elles furent entravées dix années durant par les divisions et l'absence d'entente entre les trois ministères chargés de les assurer. Entre le ministère de la marine, chargé des approvisionnements pour les navires et des ateliers de réparation, — celui des colonies, auquel incombe le soin d'assurer la défense des places fortes en Indo-Chine, au Sénégal et à Madagascar — et celui de la guerre, auquel le même rôle est imparti dans nos possessions de l'Afrique du Nord, il n'existe pour ainsi dire aucun autre lien que les délibérations du cabinet tout entier, toujours remplies par un ordre du jour chargé et encombrées des questions les plus multiples et les plus diverses, relatives aux interpellations, aux négociations diplomatiques, aux grèves ouvrières, aux récents krachs financiers, etc., aussi bien qu'aux affaires de la défense nationale. Il serait surprenant, dans ces conditions, que les trois ministres chargés de cette si lourde part du pouvoir exécutif pussent se mettre, dans ces délibérations communes au cabinet tout entier, d'accord sur le détail des mesures à prendre de concert pour assurer la défense de nos territoires extra-européens.

En fait, pour essayer de réaliser cet accord, les ministres de la marine, des colonies et de la guerre doivent recourir à de laborieuses correspondances, qui mettent de longs jours pour traverser la Seine et passer de la rue Saint-Dominique au pavillon de Flore et à la rue Royale, ou inversement : les rivalités de bureaux, de « boutique » et de « clocher », si vivaces dans toutes les administrations, rendent souvent interminable la solution des affaires les plus simples.

Les résultats de ce mode de procéder sont ce qu'on en peut attendre :

Parfois, lassés par la longueur des pourparlers, les « adversaires », aussi animés les uns contre les autres que s'il s'agissait des Russes ou des Japonais au plus fort de la guerre, décident d'agir chacun de leur côté. C'est ainsi que la marine, ne pouvant s'entendre avec la guerre sur l'emplacement du grand arsenal à créer à Bizerte, avait décidé seule de placer celui-ci en dehors de l'enceinte de cette place ; de telle sorte que nous serons bientôt obligés de dépenser de nouveaux millions pour construire de nouveaux forts et de créer quelques bataillons de plus pour renforcer et défendre un ensemble défensif qui s'étendra sur un espace immense.

On peut aussi citer comme typique l'histoire

toute récente de la création d'un poste de sous-marins au cap Saint-Jacques (Cochinchine). Les colonies demandaient, assez raisonnablement, que ce poste fût installé dans le périmètre des défenses de la place ; la marine avait porté son choix sur un emplacement favorable au point de vue maritime, mais absolument en dehors de ce périmètre, et ne voulait pas démordre de son idée. Fort de son indépendance, qui en droit strict est absolue, le ministère de la rue Royale n'avait-il pas interdit formellement à ses fonctionnaires en Extrême-Orient de prendre part à aucune réunion de commission mixte, en même temps qu'il leur prescrivait d'installer sans retard les sous-marins au point jugé par lui le plus favorable, mais qui se trouvait à plusieurs kilomètres *en dehors* de la ligne des fortifications!

Même lorsqu'ils s'efforcent de se mettre d'accord, les trois départements intéressés arrivent rarement à réaliser une entente complète et absolue: les *Programmes de 1900*, relatifs à la défense de nos colonies (y compris l'Algérie-Tunisie), ont été déposés le même jour sur le bureau de la Chambre, par MM. de Lanessan, Decrais et André, ministres du cabinet Waldeck-Rousseau ;

on n'y relève pas moins des divergences inexplicables, comme celle qui affecte 10 millions à la défense du point d'appui de la flotte de Fort-de-France, alors que la marine n'y prévoit au contraire pas un centime de travaux. On peut citer aussi les multiples et infructueux efforts faits pour parvenir à décider de qui dépendraient les flottilles de torpilleurs indo-chinoises, chacun des deux ministères de la marine et des colonies revendiquant le commandement de ces défenses mobiles.

Si, laissant de côté cette question spéciale des points d'appui hors d'Europe, on examine le problème dans son acception la plus large et la plus générale, on ne peut s'empêcher de se souvenir que les dissentiments entre nos départements militaires furent pour une large part la cause de l'effroyable désordre de l'expédition de Madagascar, de lugubre mémoire. On se remémore les difficultés séculaires et sans nombre auxquelles on se heurte constamment, aujourd'hui, malgré les récents progrès réalisés, presque autant que par le passé, pour organiser le commandement et la défense terrestre et navale des places fortes maritimes. On se demande, avec anxiété, ce que serait demain l'organisation d'opérations combinées entre l'armée de terre et nos flottes, au cas où ces opérations deviendraient nécessaires.

Si l'on considère enfin les dépenses publiques, on ne peut que déplorer les gaspillages qu'amène la coexistence dans un même pays, et souvent dans les mêmes villes, de deux administrations militaires qui ne se connaissent point, qui fabriquent l'une et l'autre, avec des frais généraux doubles, du pain, des uniformes, des projectiles ou des canons.

Qu'on se place au point de vue le plus général, celui de la défense du territoire métropolitain contre un ennemi opérant à la fois sur terre et sur mer, — à celui d'opérations de guerre à entreprendre pour tenter, par mer, une diversion utile en territoire ennemi, — à celui du recrutement de nos trois armées métropolitaine, coloniale et maritime, qu'on n'examine jamais dans leurs rapports entre elles et qu'on n'envisage pas comme les éléments d'un seul problème : faire rendre à la nation son maximum utile de soldats vigoureux et sains, — ou au point de vue plus particulier de la défense de nos territoires hors d'Europe, les uns, comme l'Algérie-Tunisie, rattachés au ministère de la guerre, les autres dépendant du ministère des colonies, — ou tout simplement au point de vue budgétaire, — on arrive toujours à cette même conclusion qu'un organe centralisateur commun doit assurer la collaboration et l'harmonie absolues entre des départements ministériels qui sont tous chargés de défendre des parcelles de nos territoires, mais qui sont aujourd'hui séparés par des cloisons absolument étanches.

Pour concentrer et coordonner l'action aujourd'hui divergente et dispersée des organes directeurs de notre armée, de notre flotte et de nos troupes coloniales, renfermés souvent par un faux point d'honneur en des rivalités mesquines, en des hostilités véritables de services, d'armes et de castes, le système qui, théoriquement tout au moins, serait le meilleur et le plus efficace consisterait à n'avoir qu'un ministère unique de la défense nationale: celui-ci aurait comme agents d'exécution quatre sous-secrétaires d'État chargés l'un de la guerre, l'autre de la marine, le troisième des troupes coloniales, le quatrième de l'administration commune aux trois armées. Ce bonleversement de nos habitudes administratives et parlementaires, cette suppression d'un gros ministère, compensée à la vérité par la création de plusieurs sous-secrétariats nouveaux, ont-ils chance d'être prochainement réalisés ? Nous n'osons l'espérer encore : cette solution, à nos yeux parfaite, ne nous semble encore ni mûre, ni facilement et immédiatement applicable.

M. Berteaux, rapporteur en 1902 du budget de la guerre et depuis lors ministre de ce même département, proposait la solution suivante : « N'avons-nous pas eu l'occasion de constater des rivalités presque irréductibles entre les deux ministères militaires, qui ne peuvent pourtant assurer un effet utile qu'à la condition de tendre, par des moyens distincts et harmoniques, au même but : la défense du pays ? Nous sommes ainsi conduits à préconiser la constitution d'un grand conseil unique, embrassant dans ses attributions les deux mobilisations, celle de l'armée et celle de la flotte. Le président de la République serait le président naturel de ce conseil supérieur de la défense nationale ; le ministre de la guerre et le ministre de la marine en seraient les vice-présidents ; les membres seraient constitués par les officiers généraux des deux départements désignés pour commander les armées et groupes d'armées de terre et de mer. »

La juste conception de M. Berteaux a le tort de ne pas tenir compte des nécessités de la défense des colonies; elle ne fait, d'autre part, aucune place, dans ce grand comité unique, au chef du gouvernement, au président du conseil, responsable de la défense nationale aussi bien que de toute la politique intérieure et extérieure; mais, sous ces réserves, c'est un organisme du même genre qu'il faut promptement créer et mettre en service, en attendant mieux. Depuis que M. Berteaux a formulé ces desiderata à propos du budget de la guerre de 1902, la même thèse a été défendue par M. Deloncle dans une remarquable étude sur la défense de l'Indo-Chine, — par l'auteur de ces lignes, à de multiples reprises, tant à la tribune de la Chambre que dans tous les rapports qu'il a dû fournir sur des questions militaires ou maritimes, par le président du comité consultatif de défense des colonies, M. le général Voyron, qui, avec beaucoup de force, a demandé qu'on remédiât aux inconvénients graves de l'actuelle dispersion des efforts; enfin, plus récemment encore, par

M. Paul Deschanel, président de la commission des affaires extérieures et coloniales.

Jetons les yeux du reste hors de nos frontières: nous constaterons que, si l'Allemagne césarienne et autocratique, où toute la direction des armées de terre et de mer est étroitement concentrée dans la main du seul empereur Guillaume, n'a pas jugé utile de créer un grand conseil unique pour coordonner l'action de ses ministères militaires, par contre l'Angleterre, pays de Parlement et de libre discussion, a senti la nécessité de l'existence d'un tel organe.

L'enquête sur la guerre du Transvaal avait démontré que le War Office n'était pas outillé pour la préparation à la guerre au loin, — qu'il manquait une « pensée directrice » pour réaliser la soudure complète entre les différentes catégories de troupes anglaises et coloniales, — qu'il n'y avait eu, dans l'Afrique du Sud, aucun organe supérieur de liaison pour harmoniser l'action des départements agissants, — que le départ de toutes les troupes disponibles avait laissé la métropole à la merci d'un débarquement heureux et que la défense nationale n'était donc pas assurée, — enfin que les diverses branches chargées, dans chacun des ministères, de la préparation du plan de campagne, de l'organisation de l'expédition et du service des renseignements, étaient très insuffisamment reliées entre elles. La commission d'enquête dite *triumvirat* (lord Esher, amiral Fisher, général Clarke), après une étude de la situation, d'une remarquable lucidité et de la plus loyale franchise, a conclu à la nécessité de créer un comité centralisateur servant de base et de fondement à toute l'organisation nouvelle des forces anglaises de terre et de mer.

Le *comité de défense* est tiré du gouvernement lui-même. Le cabinet ayant la responsabilité collective de la défense du pays, c'est le *premier ministre qui, président du comité, devient ainsi ministre de la défense de l'empire.* Les autres membres du conseil sont actuellement :

Les ministres de la guerre, — de la marine, — de l'Inde — et des colonies ;

Le chef d'état-major général et le directeur des opérations militaires ;

Le premier lord naval et le directeur du *Naval intelligence department ;*

Le feld-maréchal lord Roberts, membre spécial ;

Le général George Clarke, secrétaire.

Ce comité de défense, qui coordonne l'action de tous les départements intéressés dans la conduite de la guerre, est complété par l'adjonction d'un *organe permanent*, qui lui sert de chancellerie et qui comprend :

1 secrétaire permanent (pour cinq ans);

7 membres (en général de jeunes officiers), nommés pour deux ans : 2, guerre; 2, marine; 2, Inde; 1, colonies.

Ce secrétariat permanent a pour mission la mise au point de toutes les questions générales de défense nationale; comme l'a exposé M. Balfour (1), qui avait pris personnellement à tâche de diriger lui-même ce nouveau grand conseil d'une si haute importance, le secrétariat permanent a une existence propre, indépendante de la personnalité changeante du premier ministre : « Nous avons pris nos dispositions pour que les procès-verbaux des séances du comité, de ses travaux, délibérations et conclusions soient établis et conservés, afin que les partis qui nous succéderont au pouvoir puissent y recourir et que la politique militaire et navale du Royaume-Uni soit

1. Séance du 17 février 1903.

établie sur une continuité de vues qu'elle n'a pas encore connue jusqu'à ce jour. »

Le ministère libéral de sir Henry Campbell Bannerman n'a rien eu à changer et n'a rien modifié aux très heureuses dispositions adoptées par ses prédécesseurs.

Après l'alerte franco-marocaine, notre propre gouvernement a eu le mérite de constater et de s'avouer à lui-même les vices d'une organisation militaire partagée entre des compartiments distincts et affaiblie par des divisions funestes.

Sur ma demande, sur celle du président de la commission des affaires extérieures et coloniales, M. Deschanel, un décret a été rendu le 3 avril dernier portant création d'un conseil supérieur de la défense nationale : il a à sa tête le président du conseil et ne comprend pas seulement les trois ministres qui se partagent la responsabilité de la défense nationale, mais encore le ministre des affaires étrangères, organe des nécessités diplomatiques, et le ministre des finances, juge des possibilités financières. Les chefs d'état-major de la guerre et de la marine et le président du comité consultatif de la défense des colonies assistent aux séances avec voix consultative, ainsi que toute personne compétente dont l'avis technique peut être utile à connaître. Enfin, — et ce point est de la plus haute importance à mes yeux, — un secrétariat permanent, composé de trois officiers de l'armée métropolitaine, de l'armée de mer et de l'armée coloniale, est chargé de la préparation matérielle et de la mise au point des questions à traiter dans les réunions semestrielles de ce conseil.

C'est quelque chose!

Il faut regretter pourtant tout d'abord que le secrétariat permanent, dont le rôle peut être très important, n'ait pas été, comme en Angleterre, rattaché à la présidence du conseil et l'ait été — pour ordre, tout au moins — au ministère de la guerre.

Il est à craindre, pour qui connaît l'esprit de rivalité qui est la règle entre les ministères militaires, que les départements des colonies et de la marine tiennent en méfiance une organisation qui paraît un peu plus spécialement rattachée à la guerre qu'aux deux autres ministères.

Mais il faut regretter surtout que, plus de

quatre mois après l'apparition du décret décidant sa création, le conseil supérieur ne se soit pas encore réuni et son secrétariat permanent ne soit pas encore formé !

Pour ma part, je ne saurais admettre que les efforts d'un grand nombre de bons Français clairvoyants, que l'acte méritoire du gouvernement échouent devant la mauvaise volonté des trois administrations ennemies.

En attendant le jour où un ministre unique tiendra dans sa seule main tout ce qui a trait à la défense nationale, nous avons, mon cher Fontin, le droit d'attendre du conseil nouvellement créé qu'il tente au moins d'assurer la coordination, la centralisation et l'harmonie des énergies divergentes, pour ne pas dire incohérentes, que déploient les bureaux, les états-majors et les chefs chargés d'assurer la défense du sol et de l'honneur nationaux en Europe et hors d'Europe.

Les ministères rivaux se refusent à comprendre qu'il faut à leur action une commune impulsion régulatrice ! Travaillez avec moi, mon cher Fontin, avec tous ceux qui, ayant étudié ces questions, pensent comme nous que de telles divisions sont stupides et criminelles! et nous triompherons, quand même, de la routine, nous ferons tomber les murs presque infranchissables qui s'élèvent aujourd'hui entre des administrations qui s'ignorent, lorsqu'elles ne se jalousent pas.

A. Messimy,

député,

rapporteur du budget de la guerre.

Guerre et Marine

CHAPITRE I

LA FRANCE ENTRE L'ALLEMAGNE ET L'ANGLETERRE

TRENTE-CINQ ANS APRÈS

« *Les grandes réparations peuvent sortir du droit; nous ou nos enfants nous pouvons les espérer, car l'avenir n'est interdit à personne...*

« *On a dit, quelquefois, que nous avons un culte passionné pour l'armée, cette armée qui groupe aujourd'hui toutes les forces nationales, qui est recrutée non plus maintenant parmi ceux dont c'était le métier d'être soldats, mais bien dans le plus pur sang du pays. On nous reproche de consacrer trop de temps à l'examen de la progression de l'art de la guerre, qui met la patrie à l'abri du danger. Ce n'est pas un esprit belliqueux qui dicte ce culte, c'est la nécessité, quand on a vu la France tombée si bas, de la relever afin qu'elle reprenne sa place dans le monde.*

« *Si nos cœurs battent, c'est pour ce but et non pour*

la recherche d'un idéal sanglant, c'est pour que ce qui reste de la France nous reste tout entier; c'est pour que nous puissions compter sur l'avenir et savoir s'il y a dans les choses d'ici-bas une justice immanente qui vient à son jour et à son heure[1]. »

Vingt-cinq années ont passé depuis que Gambetta prononçait ces nobles paroles...

Trente-cinq, depuis la guerre!

Nous n'en parlions jamais, peut-être n'y pensions-nous plus...

Soudain, c'est le coup de théâtre de Tanger.

Et nous nous réveillons de notre trop long sommeil...

L'heure est-elle venue de cette « justice immanente »?

Non : pas encore.

Mais, du moins, l'épais brouillard s'est levé qui masquait les provinces perdues, Metz, Strasbourg et la ligne du Rhin.

Nous avions eu la candeur de croire que, du moment où nous ne voulions pas la guerre, personne n'oserait nous la faire!

L'illusion n'est plus permise.

Bon gré, mal gré, nous glissons sur la pente au bout de laquelle il n'y a plus que des solutions militaires.

---

1. Gambetta, discours de Cherbourg (le 4 août 1880).

ENTRE L'ALLEMAGNE ET L'ANGLETERRE

Sous ce titre : *Le Péril allemand,* un des plus importants organes de la presse européenne, l'*Indépendance Belge,* publia l'an dernier un article sensationnel, et qui fut d'autant plus remarqué que, dans ce grand organe, les questions internationales sont toujours traitées avec autant de modération que de compétence. Pour cette fois, ses dires méritaient une considération spéciale, car l'article avait reçu une très haute inspiration.

« Nous savons, déclare l'*Indépendance Belge,* que l'idée d'une guerre prochaine avec la France et l'Angleterre est sérieusement discutée dans certains milieux allemands, que dans tous les cercles militaires de Berlin on s'y prépare, que dans les centres financiers on s'y résigne.

« Non pas que l'on redoute une attaque de l'Allemagne par la France et l'Angleterre ; non pas que l'on s'attende à des incidents de telle nature que l'Allemagne serait acculée à la guerre pour sauvegarder ses intérêts ou son prestige.

« Le coup viendrait de Berlin même ; il serait froidement calculé, longuement préparé et il donnerait, espère-t-on, des effets immédiats. Ce qu'on indique, c'est que Guillaume II voudrait marquer l'année 1906 par une action d'éclat : exactement cent années après la bataille d'Iéna, il voudrait prouver par desfaits que c'est l'Allemagne qui domine aujourd'hui la vieille Europe et que les Hohenzollern ont établi la puissance allemande sur des bases telles que ce serait folie désormais que de vouloir l'entamer.

« Il ne s'agirait pas de vouloir écraser la France, de la rejeter dans l'état secondaire où elle se retrouva après 1870 et d'où elle s'est rehissée si merveilleusement au premier rang, *mais comme, en fait, l'Allemagne ne peut avoir prise que sur la France, comme c'est la grande nation latine qui constitue par la force des choses le premier obstacle qui s'offre sur sa route*, ce serait quand même la France qui aurait à payer les frais du geste impérial. »

L'Indépendance Belge affirme, de bonne source, que les Allemands ne poursuivraient pas, cette fois, un nouvel agrandissement européen, mais des avantages maritimes et coloniaux.

Le plan est-il définitivement arrêté ? C'est probable. Ce qui est sûr, par exemple, « c'est qu'on en parle dans les milieux qui subissent l'influence de l'entourage impérial et qu'on explique par lui l'obstination avec laquelle on veut convaincre le peuple allemand qu'il est menacé par d'autres nations..... ».

Les révélations de l'*Indépendance Belge* sont à rapprocher des théories de la presse allemande sur la *France-otage* et des retentissants discours de l'empereur.

L'allusion à l'épée aiguisée et aux poudres sèches passerait difficilement pour un symptôme pacifique.

Quand Guillaume II propose à ses généraux de « *regarder dans les yeux* ceux qui voudraient se mettre en travers du chemin de l'Allemagne ou porter préjudice aux intérêts légitimes de l'empire », nul ne saurait nier que ce langage fait apparaître un péril véritable.

Péril commun à la France et à l'Angleterre, et qui les solidarise beaucoup plus étroitement que ne le pourrait faire un traité d'alliance en bonne et due forme.

Si, au mois de juin de l'an dernier, les masses allemandes, prêtes à passer la frontière, ont suspendu leur élan, c'est que Guillaume II venait d'acquérir la certitude qu'il aurait affaire à la fois aux deux nations signataires de l'accord du 4 avril 1904.

Nous nous demandons comment il avait pu en douter un seul instant.

C'est, en effet, la fatalité de la situation que *ni l'Allemagne contre l'Angleterre, ni l'Angleterre contre l'Allemagne ne peuvent rien de décisif si la France n'entre en scène.*

Dans ces conditions, l'avantage est-il, comme on l'a proposé, de laisser notre choix en suspens ? Évidemment, non.

Les situations nettes sont toujours les meilleures. Et comment notre choix hésiterait-il ?

Le seul parti que nous ayons à prendre, l'Allemagne elle-même en a décidé, il y a trente-cinq ans, au traité de Francfort.

Un pays qui a une longue histoire (et, de toutes

les nations modernes, nous avons la plus longue et la plus riche en fastes militaires comme en œuvres de progrès) peut accepter la vicissitude de la défaite; il ne saurait souscrire, sans espoir de revision, à la mutilation brutale.

Notre amour-propre peut avoir été cruellement froissé à Fachoda, où l'Angleterre, ne redoutant rien de notre flotte cuirassée, a eu le tort de trop exiger et trop vite. Mais, à vrai dire, notre amour-propre seul était en cause, car l'œuvre anglaise du Cap au Caire n'est pas seulement grandiose, elle est bonne, elle est civilisatrice, comme la nôtre l'est ou le sera de Tunis à Tanger, du détroit de Gibraltar au Niger et du Niger au Congo.

Tandis que, sur la frontière entaillée de l'Est, c'est la plaie toujours saignante et douloureuse.

UN DANGER PERMANENT

Par le traité de Francfort, la France cédait l'Alsace et la plus grande partie de la Lorraine [1], payait une rançon de 5 milliards et garantissait à l'Allemagne, en matière de commerce et de navigation, le traitement de la nation la plus favorisée.

Enfin, *le tracé de la nouvelle frontière allait créer,*

---

1. C'est-à-dire un territoire de 14 000 kilomètres carrés, peuplé de [illegible] habitants.

pour la France, un danger redoutable et permanent, que nos hommes d'État ne doivent jamais perdre de vue.

En effet, la frontière qui nous fut imposée en 1870 suit le seuil de partage des eaux entre l'Ill et le Doubs (de la frontière suisse au sommet du Ballon d'Alsace), puis le faîte des Vosges jusqu'au Donon, qu'elle laisse à l'Allemagne ; elle s'incline ensuite vers le nord-ouest, suit à peu près le cours de la Seille, laissant à la France le canton de Nomeny et à l'Allemagne Marsal et Château-Salins ; elle coupe la Moselle en aval de Pagny et contourne, à l'ouest, les champs de bataille du 16 et du 18 août 1870 (1) ; puis, courant directement au nord, elle atteint la limite du grand-duché de Luxembourg entre Longwy et Thionville.

Ce tracé a enlevé à la France la ligne du Rhin, a placé Paris à 260 kilomètres de la frontière, a livré aux Allemands Strasbourg et Metz, les deux places fortes les plus importantes après Paris, en 1870 ; il donne à nos ennemis *les avantages d'un front d'opérations enveloppant,* leur permettant de prendre, de front et de flanc, les forces françaises opérant entre Moselle et Meurthe.

---

1. L'empereur d'Allemagne a tenu, dit-on, à conserver la plus grande partie des champs de bataille autour de Metz et, en particulier, le village de Saint-Privat, tombeau de sa Garde.

En fait, la nouvelle frontière est telle *qu'aucune des puissances de l'Europe n'est plus exposée à être envahie que la France.*

Le prince de Bismarck, lui-même, trouva excessifs les sacrifices imposés à la France. Si son opinion eût prévalu, nous eussions conservé Metz et la Lorraine. Mais les exigences du grand état-major triomphèrent aisément des scrupules du diplomate [1].

Que tous ceux qui, à un titre quelconque, ont la charge des destinées de notre pays, en soient bien persuadés: la frontière de 1871 est un danger permanent, une menace perpétuellement suspendue sur nos têtes. Ceux qui l'ont tracée ont dû convenir qu'elle ne pouvait être qu'une *frontière d'armistice.* Le mot est du maréchal de Moltke.

Or la République française ne saurait vivre et se développer qu'à l'abri d'une frontière solide, définitive, qui la garantisse réellement contre les coups de surprise de la force brutale.

Cette frontière est bien connue, elle a été fixée par la nature : c'est la *ligne du Rhin.*

Il ne dépend pas de nous de supprimer l'histoire et la géographie. La nation française n'est pas seulement gauloise, elle est franque et germaine aussi.

---

1. Du reste, le prince de Bismarck en prit volontiers son parti, puisqu'il déclara que les préliminaires signés à Versailles garantissaient à l'empire cinquante années de tranquillité.

Quand César eut battu Arioviste ([1]), il ne le rejeta pas tout entier sur la rive droite du Rhin. Mais, « pensant que les meilleurs défenseurs de ce territoire seraient ceux qui l'avaient convoité », il autorisa plusieurs tribus germaines à demeurer sur la rive gauche, où elles se mêlèrent à la population gauloise.

La conquête romaine sauva la Gaule de la barbarie germanique et, en lui assurant trois siècles de paix, la rattacha pour jamais à la société des peuples latins. Mais, vers le milieu du quatrième siècle, « on vit, sur toute la frontière romaine, les peuples transrhénans et transdanubiens s'agiter, comme frappés de vertige, et tenter le passage des fleuves. Ils disaient qu'ils étaient poussés par des peuples plus septentrionaux... La Germanie et la Sarmatie semblaient bouleversées ; des nations inconnues se montraient de toutes parts. La frontière du Rhin, moins bien gardée, fut forcée la première. »

Les premiers envahisseurs furent les Francs. L'empereur Julien les fixa au sol par des concessions de terres, en 358 ; ils adoptèrent l'idiome gallo-romain et se latinisèrent. Après eux, d'autres tribus germaniques, Suèves, Alains, Vandales, inondèrent la Gaule.

Derrière ce premier ban, arrivèrent, par la trouée

---

1. Chef germain, qui avait franchi le Rhin à la tête de 100 000 Suèves.

de Belfort, les Burgondes, qui s'établirent entre le lac de Genève et le confluent du Rhin et de la Moselle (413).

Vers la même époque, les Visigoths (ou Goths de l'Ouest) quittaient la vallée du Danube inférieur, passaient en Italie par les vallées de la Drave et de la Save, franchissaient les Alpes maritimes et envahissaient la Gaule méridionale jusqu'à la Loire. Ils se jetèrent ensuite sur l'Espagne et fondèrent, sur les deux versants des Pyrénées, un royaume dont Toulouse fut la capitale.

Les Francs et les Visigoths étaient donc, vers le milieu du cinquième siècle, les plus puissants des peuples barbares établis en Gaule. Il y avait, du reste, à cette époque, bien d'autres barbares dans ce pays : Alamans, entre les Vosges et le Rhin ; Burgondes, dans les vallées de la Saône et du Rhône ; Saxons, dans le pays de Bayeux ; colonies venues de la grande île de Bretagne en Armorique, etc.

Le baptême de Clovis en fit bientôt le seul prince orthodoxe du pays entre Rhin et Pyrénées. Il fut alors énergiquement soutenu par les évêques et par le pape lui-même. Puis, quand ses victoires sur les Burgondes et sur les Visigoths (507) lui eurent assuré la suprématie en Gaule, celle-ci prit le nom de *Frankreich :* le royaume des Francs[1].

Parmi la multitude de pétitions que la Conven-

---

1. LEBLOND, *Géographie militaire.*

tion reçut des populations de la vallée du Rhin, pour demander leur réunion à la France, une des plus caractéristiques est celle de huit communes du pays de Nassau-Sarrebruck ; elle est datée du 13 novembre 1792 et s'exprime ainsi :

« La France est notre ancienne patrie. Nos relations commerciales et la conformité de langue semblent nous placer naturellement dans le département du Bas-Rhin. »

Voilà donc les habitants du Palatinat qui s'appuyaient sur l'analogie de leur patois avec celui des Alsaciens, pour demander, non le retour de l'Alsace à l'Allemagne, mais bien leur propre réunion à la France !

La Convention ajourna de délibérer sur ces demandes. Elle en renvoya l'examen aux comités et déclara que les vœux d'incorporation, pour être admis, devaient être manifestés par le seul souverain, c'est-à-dire le peuple, réuni dans ses assemblées primaires [1].

Et, après que le comité diplomatique de la Convention eut examiné scrupuleusement ces demandes, Lazare Carnot définit comme il suit, à la tribune, les bases du droit nouveau :

« *Nous avons pour principe que tout peuple, quelle que soit l'exiguïté du pays qu'il habite, est absolument maître chez lui, qu'il est égal en droit au plus grand*

---

1. Albert Sorel, *L'Europe et la Révolution française.*

et que nul autre ne peut légitimement attenter à son indépendance. »

On convoqua donc partout des assemblées, et la réunion des pays de la rive gauche du Rhin fut votée, par la convention rhénane, le 21 mars 1793, à l'unanimité moins sept voix ([1]).

D'où il suit que ce qui est conforme à la vérité historique et à la nature même des choses, c'est que l'influence française aille jusqu'au Rhin et que l'influence prussienne soit ramenée à cette grande limite, en deçà ou au delà de laquelle tout ne peut être que dispute.

Et qui ne voit qu'une telle frontière est la condition *sine qua non* du développement normal de notre démocratie ?

A quoi bon se le dissimuler? Nous ne sommes pas seulement exposés aux conflits qui peuvent naître des incidents quotidiens de la politique mondiale et de la rivalité économique des États. La démocratie française, par le seul fait de son existence, constitue, pour la monarchie prussienne, un péril redoutable et de tous les instants, péril qui ne peut que croître, à mesure que notre République deviendra plus juste et plus humaine. Alors, en effet, la contagion de notre exemple deviendra de plus en plus inquiétante ; alors, chez un Guillaume II, la tentation sera de plus en plus forte

1. Gaston Moch, *Alsace-Lorraine.*

de mettre à profit, pour nous écraser, les incomparables facilités d'invasion que lui offre la frontière artificielle de ce qui reste de la France.

On connaît le mot de M. Thiers : *la République sera conservatrice, ou elle ne sera pas.*

Le vieil homme d'État entendait sans doute par là que le jour où la République aurait cessé d'être autre chose qu'une étiquette mensongère, elle s'exposerait à de tels périls qu'elle y succomberait infailliblement.

Peut-être.....

Dans tous les cas, la démocratie n'a qu'un moyen sûr de triompher des obstacles qui lui viendront du dehors : c'est d'être forte, comme le furent nos pères de 1789 et de 1793.

Que M. Jaurès en soit bien persuadé : *la République sociale sera armée jusqu'aux dents, ou elle ne sera pas.*

Conclusions :

Ne jetons pas d'huile sur le feu.

Répudions énergiquement toute politique offensive. Mais, puisque l'ennemi nous avertit qu'il tient sa poudre sèche et son épée toujours aiguisée, gardons-nous soigneusement des poudres mouillées, des épées rouillées !

CHAPITRE II

LE CRI D'ALARME DE M. DE LANESSAN

I — LES BESOINS DE L'ARMÉE

Un des hommes les plus considérables du parti républicain, M. J.-L. de Lanessan, ancien gouverneur de l'Indo-Chine, ancien ministre, pousse à cette heure tragique un cri d'alarme dont l'écho retentit dans le pays tout entier. A l'entendre, notre situation militaire ne serait pas ce qu'elle devrait être, après tous les sacrifices consentis pour la défense nationale, depuis l'année terrible.

Pour que notre armée soit en état de défendre, à toute heure, l'honneur ou l'indépendance du pays, il faut d'abord que les troupes de couverture, auxquelles incombe le soin de repousser le premier choc de l'adversaire, soient constamment sur le pied de guerre.

En second lieu, les places frontières, sur lesquelles ces troupes s'appuient, doivent être assez fortement armées pour être en état de résister aux attaques de l'ennemi.

Il faut, enfin, que les forces destinées à prendre

l'offensive puissent être organisées et réunies en temps utile.

Ces trois conditions ayant une valeur égale, toute armée qui ne remplirait pas l'une ou l'autre d'entre elles serait incapable d'exercer la fonction qui lui est assignée dans l'État. Or, l'ancien ministre croit avoir établi que l'armée de la France ne remplit, actuellement, *aucune de ces trois conditions.*

Les effectifs de nos troupes de couverture sont loin d'être sur le pied de guerre, et une partie seulement des hommes qui les composent possèdent l'intégralité de l'instruction militaire que tous devraient avoir.

Nos forteresses de couverture ne sont pas suffisamment protégées.

Enfin, nos armées offensives sont organisées de telle sorte que leur formation et leur réunion sur la frontière exigent beaucoup trop de temps.

Ces défauts sont d'autant plus graves que les troupes de couverture de l'Allemagne ont toujours leurs effectifs de guerre au complet [1], que toutes les forteresses allemandes sont munies des moyens de protection les plus modernes, que l'artillerie alle-

---

1. Disons tout de suite qu'il y a là une certaine exagération. Les troupes de couverture allemandes n'ont pas leur *effectif de guerre* complet, elles sont à *effectifs renforcés.* Mais ces effectifs ne subissent pas de déchets, en raison de la facilité de remplacer les hommes qui disparaissent par des hommes pris parmi ceux en surnombre que la force des contingents allemands ne permet pas d'incorporer.

mande est en possession d'un grand nombre de pièces lourdes de campagne contre lesquelles la protection de la plupart de nos forts d'arrêt est insuffisante, et que la mobilisation des armées offensives de l'Allemagne peut être effectuée très rapidement.

M. de Lanessan achève sa critique en protestant contre la non-fortification de Nancy.

Un mot, maintenant, de la carte à payer pour remédier aux défectuosités de la situation.

Pour maintenir nos troupes de couverture sur le pied de guerre d'une manière permanente, reconstituer la protection et l'armement de nos forteresses de couverture, transformer Nancy en place forte, construire les voies ferrées nécessaires au rapide transport de nos armées offensives, créer l'artillerie lourde de campagne qui nous fait défaut, constituer les approvisionnements énormes de munitions qu'exigent les armes à tir rapide, la carte à payer ne sera pas mince : *500 ou 600 millions.*

L'ancien ministre de la marine ne se dissimule pas que c'est un gros chiffre. Mais, s'écrie-t-il :

« Ne vaut-il pas mieux faire tout de suite ce sacrifice que nous exposer à perdre encore quelque province, en payant à nos vainqueurs plusieurs milliards ?

« Ne devons-nous pas avoir toujours présent à l'esprit le souvenir des réflexions amères que nous fîmes après les désastres de 1870, lorsqu'il nous fut permis de comparer les pertes de toutes sortes, infligées par la défaite à notre malheureux pays, avec les sacrifices relativement minimes qu'il aurait fallu faire pour le mettre à l'abri de l'invasion étrangère?

« Le parti républicain, aujourd'hui détenteur du pouvoir, ne voudra pas s'exposer aux légitimes reproches qui furent adressés à l'Empire, quand le pays s'aperçut qu'il n'avait ni les troupes, ni les forteresses de couverture, ni les armes offensives indispensables à la protection de son territoire.

« Les dépenses dont j'ai parlé sont inévitables. Reculer devant l'heure où l'on devra les faire serait exposer la France à des désastres dont il fut possible de mesurer l'étendue, lorsque, au mois de juin dernier, le parti de la guerre allemand eut l'imprudence de dévoiler ses appétits et ses espérances. »

Voilà qui est parler net, et l'on n'accusera pas l'ancien ministre d'avoir dissimulé sa pensée ou reculé devant ses conséquences.

Par bonheur, la thèse n'était pas sans renfermer des exagérations qui ont été relevées aussitôt par des parlementaires comme MM. Pierre Baudin et Messimy, par des officiers généraux, au premier rang desquels il faut placer le général Langlois.

Cependant, de l'aveu des plus optimistes :

Nos effectifs à la frontière de l'Est sont trop réduits;

Nous n'avons pas assez d'artillerie lourde de campagne;

Nos batteries légères sont à quatre pièces, celles des Allemands à six pièces;

Nos approvisionnements de réserve sont insuffisants, en raison surtout de la consommation énorme de munitions qu'il faut prévoir;

Nous sommes dépourvus de voies ferrées reliant directement la frontière au centre de la France;

Beaucoup de nos forts ne valent pas grand'chose;

Notre système de recrutement et d'affectation des hommes n'est pas un modèle.

II — LES BESOINS DE LA FLOTTE

Mais l'honorable M. de Lanessan ne fait pas seulement le procès de notre organisation militaire. Après avoir montré les lacunes de la défense de nos frontières du Nord-Est, il se retourne vers la mer et nous signale « les besoins immédiats de notre marine ».

Dès le début de la session parlementaire, l'ancien ministre de la marine déposait, sur le bureau de la Chambre, une proposition de loi dont l'article 1 était ainsi conçu:

« Art. 1. — Le ministre de la marine est autorisé à faire construire dans les arsenaux ou à commander à l'industrie les bâtiments ci-après désignés:

« Six cuirassés d'escadre de remplacement, identiques, pour former une escadre homogène;

« Trois croiseurs cuirassés de remplacement, identiques, pour former une division homogène (navires déjà prévus au budget de 1905);

« Six contre-torpilleurs et 81 torpilleurs du programme de 1900 qui n'ont pas encore été mis en chantier et ne sont pas prévus au budget de 1905;

« Des submersibles et sous-marins en nombre à déterminer par le conseil supérieur de la marine. »

M. de Lanessan s'efforce de rallier l'opinion publique à ce projet, au moyen d'une vigoureuse campagne de presse. Suivant lui, il en est de la marine de la France comme de son armée, « l'une et l'autre possédant des éléments aussi parfaits qu'on peut les souhaiter; l'une et l'autre, notamment, disposant d'un personnel aussi instruit que dévoué à ses devoirs; mais l'une et l'autre souffrant de l'insuffisance de leur matériel[1]. »

La satisfaction de ces « besoins immédiats » de notre marine entraînera, pour le contribuable, une dépense que M. de Lanessan n'évalue pas à moins de 500 à 600 millions.

Or, nous avons vu que les besoins, non moins immédiats, de l'armée française, exigeraient un sacrifice financier équivalent.

Soit, pour nos deux armées de terre et de mer, la nécessité de crédits extraordinaires supérieurs à un milliard (1 200 millions).

---

1. *Les Besoins immédiats de notre marine*, par J.-L. DE [illegible]

C'est ici que se pose une question capitale. Il nous sera même permis de dire que c'est toute la question.

LA VRAIE QUESTION

Parmi ces dépenses militaires et maritimes, quelles sont celles qui ont, pour le pays, un caractère vital et qui, à ce titre, ne sauraient être différées ?

Quelles sont, au contraire, les dépenses dont l'ajournement ne compromettra en rien la sécurité du pays ?

Et qui en décidera ?

Le ministre de la guerre et son conseil supérieur, délibérant à part et à huis clos, déclareront sans nul doute que la sécurité de la frontière de l'Est exige un effort financier considérable et que cette dépense prime toutes les autres.

Le ministre de la marine et son conseil d'amirauté, délibérant de leur côté, également à huis clos, estimeront naturellement que les crédits maritimes sont intangibles.

Tout le mal vient de là, de ces cloisons étanches qui séparent la Guerre de la Marine, de cette division de la défense nationale qui, par essence, est *une*.

Dans la République française, l'objectif guerrier n'est pas la conquête, l'agression brutale, c'est l'inviolabilité des frontières

Si nous armons, c'est pour imposer la paix avec la justice : « Le but qui doit nous dominer, en toutes choses, est la justice. Mais il peut arriver que la paix et la justice entrent en conflit, et alors une nation grande et loyale ne doit pas hésiter un moment à suivre le sentier qui la mène vers la justice, alors même que ce sentier la conduirait à la guerre [1]. »

Il importe, au plus haut point, de conserver à la politique française un caractère défensif. Mais, si on nous attaque, nous devons être prêts à riposter du tac au tac.

Et c'est ici que nous retrouvons le problème de l'emploi des crédits.

Qui dressera le tableau des besoins de la défense du pays, par ordre d'importance et d'urgence ?

Qui nous dira la frontière la plus exposée, le danger le plus pressant ?

Quelle autorité sera assez haute pour décider des emplois particuliers du crédit global consacré annuellement aux dépenses de guerre ?

Deux solutions s'offrent à l'esprit :

Un ministère de la défense nationale ;

Un grand conseil défensif.

---

1. Président Roosevelt, discours d'ouverture du Sénat de Washington (session de décembre 1905).

CHAPITRE III

LE MINISTÈRE DE LA DÉFENSE NATIONALE

S'il est un principe indiscutable à la guerre, c'est bien la nécessité d'une direction unique : toutes les forces concourant à un même but doivent être mues par une même volonté...

« Or, l'armée et la flotte sont les deux composantes de la défense nationale. Elles diffèrent l'une de l'autre par leur nature et leur mode d'action, mais pas plus que la cavalerie, par exemple, ne diffère du corps des aérostiers. *Elles doivent être considérées, dans l'ensemble de notre puissance militaire, comme deux* ARMES, *non comme deux* ARMÉES.

« Il suit de là que, si nous étions libres de nous donner une organisation idéalement rationnelle, il faudrait constituer non pas deux ministères indépendants, guerre et marine, mais bien un ministère unique, le ministère de la défense nationale [1]. »

L'idée si clairement exposée par Patiens n'est

1. PATIENS, *La Défense nationale et la défense des côtes.*

pas nouvelle. Au lendemain de nos désastres, elle fut sur le point de s'imposer.

C'est à la suite de Gambetta que le général Iung a proclamé la possibilité et la nécessité d'un ministre *civil* de la défense nationale, ayant sous sa haute direction deux spécialistes, l'un à la guerre, l'autre à la marine, *avec un seul état-major de terre et de mer* (1).

Tous les membres du Parlement qui s'adonnent, de préférence, à l'étude des questions de défense nationale, ont reconnu et signalé le danger du dualisme actuel. Danger d'autant plus redoutable qu'en matière de programmes militaires et navals, les Chambres ont toujours cru mettre leurs responsabilités à couvert en ne marchandant pas les crédits, en adoptant, les yeux fermés, les projets les plus contradictoires, pourvu seulement qu'ils fussent revêtus de la signature des ministres intéressés. Ceux-ci, à leur tour, ont une tendance bien naturelle à se retrancher derrière leurs grands conseils techniques, *délibérant séparément et à huis clos*.

C'est grâce à ce système qu'au mois de juin 1906, en dépit de tous les sacrifices antérieurement consentis par les représentants du pays, notre situation sur la frontière du Nord-Est pouvait légitimer, dans une certaine mesure, le cri d'alarme poussé par M. de Lanessan.

C'est grâce à ce système qu'en 1898, au moment

[illegible]

de Fachoda, nous fûmes à deux doigts d'une guerre navale que personne, sauf l'amiral Aube, n'avait songé à préparer [1]. De l'avis unanime, notre flotte cuirassée se trouvait impuissante à soutenir nos prétentions vis-à-vis de l'Angleterre. Elle était bonne pour agir, vaguement, contre la triplice. Du reste, il n'y avait même pas de plan de campagne contre qui que ce soit.

« De plans de campagne et de guerre, il n'en existait pas en juillet 1898 : à peine quelques phrases vagues et sans cohésion, écrites sur un cahier que le conseil supérieur de la marine n'avait jamais ni établi, ni examiné, ni aperçu [2]. »

C'est grâce à ce système encore, qu'à l'heure actuelle, l'organisation si importante de la défense des points d'appui de la flotte, en Algérie-Tunisie et dans les colonies lointaines, soulève les critiques les plus graves.

---

1. Persuadé que le sort d'une guerre franco-allemande ne dépend pas de l'action des flottes, l'amiral Aube, pendant les seize mois de son ministère, n'eut qu'une pensée : doter la France d'une marine capable d'imposer à l'Angleterre le respect de nos droits et de nos intérêts. Il arrêta net la construction des cuirassés d'escadre, mit en chantier nos premiers sous-marins et prépara la spécialisation de la flotte de combat en vue de deux objectifs : guerre de course, pour le grand large; guerre de flottilles, pour la maîtrise des mers nationales, Méditerranée et Manche. Lui parti (mai 1887), l'Angleterre cessa d'être l'objectif, on revint à la conception du cuirassé et de la guerre d'escadre *contre la triple alliance.*

2. Édouard Lockroy. *La Défense navale.*

Écoutez, par exemple, l'honorable M. Dubief, alors ministre de l'intérieur, rapporteur en 1904 du budget du ministère des colonies.

Voici ce qu'il dit de l'organisation du commandement :

« Il règne actuellement dans les points d'appui de la flotte la plus étrange et la plus absurde dualité ! Il y a un commandant du point d'appui, portant le titre de commandant de la défense, qui est chargé de toute l'organisation à terre, qui peut, en temps de guerre, donner des ordres au commandant de la marine, mais qui n'a pas le droit d'intervenir dans toutes les questions qui touchent à l'organisation maritime proprement dite, à la direction et à l'administration du personnel, à l'armement des navires servant à la défense mobile, au matériel flottant, aux installations de la défense fixe, aux approvisionnements. Pour toutes ces questions, si importantes cependant pour la sécurité de la place, c'est le ministre de la marine, non responsable, qui décide seul. *Une telle situation est manifestement absurde et grosse de dangers.* » (Rapport de M. Dubief sur le budget des colonies, exercice 1904.)

Cette grosse question fut, il y a peu de temps, l'objet d'un rapport très documenté, adressé à la commission extraparlementaire de la marine par M. le député Messimy.

Les conclusions du rapporteur signalent l'impé-

colonies plus encore que dans la métropole, l'action des départements ministériels auxquels incombe la charge de défendre nos territoires extra-européens.

Nous citons textuellement :

« I. — Lorsqu'il y a quinze ans, la pensée se fit jour de doter notre pays de bases d'opérations lointaines, la seule question dont on ne se soit pas préoccupé — la plus importante de toutes pourtant — est la question du prix de revient de ces places coloniales : *on ne songea à se demander ni ce que coûterait leur construction, ni quels seraient leurs frais d'entretien, ni combien il faudrait d'hommes pour les armer.* On conçut en 1890 un programme si vaste que, pour le réaliser, il aurait fallu doubler ou tripler nos budgets militaires coloniaux, et doubler — rien que pour défendre nos multiples points d'appui répartis sur toutes les mers du globe — l'effectif de notre armée coloniale...

« II. — Nous avons tenté de faire ressortir, à chaque page, *le manque absolu d'entente qui a été la règle depuis quinze années* pour l'organisation des places fortes coloniales ; nous avons essayé de montrer :

« Comment, de 1890 à 1900, on avait d'une façon générale négligé l'ensemble de l'organisation des points d'appui, se reprenant de temps à autre d'une ardeur subite et violente, pour pousser fébrilement les travaux dans une région du monde où éclatait un conflit ;

« Comment, même lorsque le gouvernement de

M. Waldeck-Rousseau s'était décidé à présenter aux Chambres un plan d'ensemble, *l'accord avait été si mal fait entre les départements ministériels intéressés que les colonies formulaient des demandes de crédits importantes pour fortifier telles places où la marine n'avait dessein de rien faire ;*

« Comment, à Bizerte, l'indépendance absolue que la guerre et la marine avaient adoptée comme règle nous conduisait aujourd'hui à construire de nouvelles fortifications, à accroître les effectifs de plusieurs milliers d'hommes et à grever le prix de revient *annuel* de cette base d'opérations magnifique *de plusieurs millions inutiles ;*

« Comment, enfin, le commandement, dans les places coloniales, *organisait en permanence des conflits analogues à ceux dont nos malheureux alliés les Russes ont subi les désastreuses conséquences au siège de Port-Arthur ;*

« Et nous formulons le vœu que, sans retard, chacun des ministres intéressés provoque lui-même la solution des questions qui restent en suspens depuis des années, des conflits qui, aiguisés par l'esprit de corps et de bouton, *s'éternisent pour le plus grand dommage de la puissance de notre pays* (1). »

En terminant, le rapporteur de la commission

---

1. A. Messimy, député (Rapport au nom de la commission extraparlementaire de la marine, publié dans *La Marine*

extraparlementaire affirme, nettement, l'urgente nécessité de créer un organe qui imprimerait à la défense nationale (en Europe et hors d'Europe) une commune impulsion régulatrice.

Déjà, dans un précédent rapport sur le budget de la marine, exercice 1904, l'honorable M. Messimy avait appelé en vain l'attention de la Chambre sur l'intérêt capital qu'il y aurait, soit au point de vue budgétaire, soit au point de vue militaire proprement dit, « à concentrer et à coordonner l'action aujourd'hui divergente et dispersée des organes directeurs de notre armée, de notre flotte et de nos troupes coloniales, isolées par des cloisons étanches, renfermées souvent par un faux point d'honneur en des rivalités mesquines, en des hostilités véritables de services, d'armes et de castes ».

Au Sénat, le rapporteur général de la commission des finances, M. Antonin Dubost, a exposé avec éloquence les avantages qui résulteraient du fusionnement de la plupart des grands services.

« ... Un examen, même superficiel, des budgets particuliers de la guerre et de la marine montre que dans bien des cas ces administrations, quoique absolument similaires, sont complètement séparées et qu'il en résulte des doubles emplois nombreux. Jamais encore on n'a pensé qu'il y aurait une simplification évidente dans les dépenses et dans le nombre des agents de l'administration, si l'on arrivait à faire tomber ces sortes de cloisons étanches établies entre les ministères dont le but définitif est le même et qui devraient, au lieu de s'ignorer par principe, être continuellement en contact.

« Si l'on examine, par exemple, ce qui se passe actuellement dans nos ports de guerre, on aperçoit un service administratif distinct pour la marine muni de tous ses rouages, un autre service pour les troupes de l'armée de terre : sous-intendance avec toutes ses annexes, et un troisième service sous la direction d'un commissaire colonial pour les troupes coloniales stationnées dans la métropole ; enfin, il n'est pas nécessaire de faire un long voyage pour trouver dans le port de commerce le plus voisin un quatrième groupe dirigé par un commissaire colonial pour le compte du ministère des colonies.

« Et tous ces services s'ignorent profondément. Les approvisionnements de l'un, par exemple, ne sont pas à la disposition de l'autre, même quand ils sont identiques, et il arrive souvent que le service de la marine commande en quantité considérable des approvisionnements quand son similaire de la guerre a ses magasins encombrés des mêmes approvisionnements et n'arrive à les consommer que lorsqu'ils sont vieux de quatre ou cinq ans.

« Et il en sera ainsi tant que ces administrations séparées et presque rivales ne seront pas contraintes à une entente fructueuse pour les deniers de l'État. Il leur faudra, en effet, un personnel séparé, des magasins séparés, des usines séparées et même des couditions de fournitures différentes. Les essais tentés et leurs résultats, les améliorations réalisées par l'une d'elles resteront inconnues des autres.

« Les exemples abondent des inconvénients d'une pareille séparation des services. Ainsi, n'est-il pas permis de se demander si une école de santé unique, fonctionnant pour les trois services, ne donnerait pas d'aussi bons résultats que le système actuel, avec beaucoup moins de dépenses? Qu'on n'objecte pas la différence des maladies à traiter.

« En fait, ce n'est pas à Bordeaux, pas plus qu'au Val-de-Grâce ou à Lyon, que l'on traite des maladies coloniales, et un cours spécial fait dans la même école aux médecins destinés aux colonies serait très suffisant. »

Et l'année suivante, le rapporteur général de la commission des finances du Sénat écrivait encore :

« Un grand nombre de services, ceux d'habillement, de subsistances, d'armement, les plus considérables en un mot, ne présentent dans leur fonctionnement et leur but général aucune dissemblance notable; on les voit cependant fonctionner parallèlement et à grands frais dans des administrations similaires, aux ministères de la guerre, de la marine et des colonies.

« Dans certains ports, des services identiques existent en double ou en triple, et les approvisionnements en surcroît de l'un ne peuvent combler les déficits de l'autre.

« Une administration qui servirait de pourvoyeur commun à ces trois organes de la défense supprimerait donc les doubles emplois et les frais généraux inutiles. Animée de l'esprit que nous préconisons, elle gérerait commercialement des services qui sont bien plus commerciaux qu'administratifs. Il est vrai que les bénéfices des situations acquises, les amours-propres de bureaucraties parasitaires seraient fortement menacés par une réforme aussi profonde. Mais le Parlement peut et doit se placer au-dessus de ces intérêts particuliers (1). »

Le rapporteur du budget de la guerre en 1902, M. Berteaux, déplorait lui aussi le dualisme stérilisateur qui existe en France dans les travaux de préparation à la guerre.

« *Admettre que la lutte future avec les grandes puissances, à la fois militaires et navales, soit envisagée à deux points de vue différents par la guerre et par la marine, peut conduire aux pires conséquences.*

« L'utilisation des forces nationales ne doit-elle pas, au contraire, procéder d'une pensée unique et d'efforts convergents?

« Cette année même (1901), à la suite du transfert des troupes coloniales à la Guerre, n'avons-nous pas eu l'occasion de constater des rivalités presque irréductibles entre les deux ministères militaires, *qui ne*

1. Antonin Dubost, rapporteur général de la commission

peuvent pourtant assurer un effet utile qu'à la condition de tendre, par des moyens distincts et harmoniques, au même but : la défense du pays[1]. »

Et M. Berteaux concluait en faveur de la création d'un grand conseil unique, réunissant dans ses attributions la mobilisation de l'armée et celle de la flotte.

Cette solution serait évidemment très supérieure à l'état de choses actuel, mais, d'une part, elle ne tient pas compte de tout ce qui touche à la défense des colonies, source perpétuelle de conflits, et, d'autre part, elle laisse subsister dans les ministères militaires des services absolument similaires dont les frais généraux s'additionnent entre eux.

« Qu'on se place au point de vue de la défense générale de tous nos territoires, ou au point de vue budgétaire, on en arrive donc à préconiser la création d'un ministère unique de défense, ayant comme organe central et directeur un conseil peu nombreux et responsable, composé de parlementaires, analogue à celui qui dirige l'amirauté anglaise...[2]. »

Un officier d'avenir et du plus sérieux mérite a serré la question de très près, dans une série d'études[3] d'autant plus intéressantes que leur auteur a

---

1. Rapport sur le budget de la guerre pour 1902, par M. Maurice BERTEAUX, député, page 307.

2. A. MESSIMY, Rapport sur le budget de la marine, exercice 1904, page 199.

3. Parues dans *La France de demain*, à la fin de l'année 1898, sous ce titre : « Le Ministère de la défense nationale. »

pris pour base de son argumentation l'hypothèse de guerre la plus communément étudiée avant la campagne de Mandchourie et l'affaire marocaine : le conflit entre la triple alliance (Allemagne, Autriche, Italie) et la double alliance (France et Russie).

Bien que le jeu des alliances et des combinaisons politico-militaires se soit singulièrement modifié depuis 1898, le raisonnement de notre auteur n'a rien perdu de sa force. Au contraire.

Sur quelque théâtre d'opérations que ce soit, dans une guerre européenne, nos flottes ne sauraient se rendre utiles qu'à la condition que leurs efforts aient été préalablement réglés par une autorité unique, seule capable de juger de leur opportunité et de l'instant précis auquel ils pourront et devront être tentés.

C'est surtout au sud-est, vers la Méditerranée, que la liaison des forces de terre et de mer s'impose, si l'Italie entre en scène contre nous.

Là, on admet généralement que le rôle de notre armée des Alpes est de rester sur la défensive. Cette attitude est imposée tant par la nécessité de jeter toutes nos forces vives à la frontière lorraine, face à l'ennemi principal, que par la nature de la région du Sud-Est, essentiellement favorable à ce mode d'action. La défensive stratégique s'impose dans certains cas, plus encore que la défensive tactique : elle est une des plus pures conceptions napoléo-

« Que penserait-on d'un général commandant en chef l'armée des Alpes, qui, transgressant les instructions qu'il aurait reçues, tenterait, de sa propre autorité, une incursion offensive dans la plaine du Pô, obligeant ainsi le généralissime à le soutenir et à donner, par suite, à ses réserves, une destination contraire au but poursuivi ?

« La situation de l'amiral commandant en chef dans la Méditerranée est la même. Il lui faut des instructions précises, délimitant nettement son rôle dans l'ensemble des opérations, pour concourir au succès de l'ensemble, mais lui laissant le choix des moyens pour atteindre ce but. En un mot, il lui faut, à lui aussi, une *directive.* »

Or, il n'y a qu'un moyen d'éviter l'incohérence entre les opérations maritimes et les opérations sur terre, c'est d'avoir, dès le temps de paix, un rouage qui coordonne les efforts de préparation à la guerre de l'armée et de la flotte. Ce rouage ne peut exister que par la fusion des deux composantes, Guerre et Marine, en une résultante unique : la défense nationale.

L'organisation étudiée laisse subsister les deux ministères actuels de la guerre et de la marine, *en tant qu'administration centrale,* chargés de présider à la vie normale et à l'entretien, en temps de paix, de l'armée et de la flotte. Chacun d'eux est administré par un sous-secrétaire d'État.

Au point de vue de la préparation à la guerre,

les deux départements forment un tout homogène, sous la haute autorité du ministre de la défense nationale.

« Le ministre de la défense nationale n'a aucune action immédiate sur les troupes ; il ne saurait ordonner sans contrôle leurs déplacements, y distribuer l'avancement et les récompenses, jouir, en un mot, d'aucune prérogative menaçante pour la République. Son action est purement préventive et toute de préparation à la guerre. Il assume toutes les responsabilités de cette préparation (plan de défense, de mobilisation, de transport, d'opérations). »

Le ministre de la défense nationale est civil. Il a comme auxiliaires techniques immédiats : le *généralissime* et l'*amiralissime* [1].

Comme agents d'exécution, notre auteur place auprès du ministre de la défense nationale un cabinet militaire et un grand état-major général composé d'officiers de terre et de mer peu nombreux [2] et triés sur le volet.

---

1. La division probable de nos forces navales, sur les deux théâtres d'opérations du Nord et de la Méditerranée, ne constitue d'ailleurs pas un obstacle à cette création d'un commandant en chef éventuel des forces navales. Pas plus que lui, le chef des forces de terre ne pourra se trouver simultanément en Lorraine et sur les Alpes, et cependant il existe.

2. Le grand état-major allemand, pendant la campagne de 1870-1871, ne comprenait en tout que 16 officiers. Voir à ce sujet l'étude si intéressante parue dans la *Revue militaire de l'Étranger*, numéro d'octobre 1898.

L'esprit des institutions actuelles du pays admet, en toutes circonstances, la suprématie du pouvoir civil sur ce que nous appellerons, non le *pouvoir* militaire (ce qui est, à notre avis, un terme impropre), mais sur l'*élément* militaire. Le ministre de la défense nationale sera donc un civil.

Un tel ministre sera tenu, autant que possible, en dehors des fluctuations de la politique. Choisi par le chef de l'État, son sort ne sera pas lié à celui du reste du cabinet ; il ne saurait être atteint que par un vote formel, le visant personnellement.

En relations constantes avec le ministre des affaires étrangères, qui lui remet, mensuellement, une note *signée*, destinée à le tenir au courant de la politique extérieure, il peut, en pleine connaissance de cause, prévoir et classer par ordre d'urgence les conflits les plus probables; il peut déterminer exactement la nature et la puissance des moyens à employer pour, le moment venu, imposer notre volonté à l'adversaire; il en déduit la somme des sacrifices, soit immédiats, soit échelonnés, à demander au Parlement.

De concert avec ses auxiliaires techniques, il établit, pour chaque hypothèse, un plan de campagne où les rôles respectifs de l'armée et de la flotte sont clairement délimités. Ces *directives* sont soumises à la discussion du conseil supérieur de défense, qui émet des avis motivés et signés. Mais ces avis sont uniquement destinés à éclairer le ministre, qui n'en tient compte que dans la mesure qui lui paraît convenable.

Chacun de ces plans est ensuite établi en détail (mobilisation, concentration, ravitaillement, etc.) par les deux départements de la guerre et de la marine, chacun en ce qui le concerne, et dans l'esprit indiqué par les directives.

Une fois terminés, ces plans sont soumis à l'examen des conseils supérieurs de la guerre et de la marine, qui se prononcent uniquement sur la valeur des mesures d'exécution adoptées.

Les plans, ainsi passés au crible, reviennent au conseil supérieur de défense, qui propose telles ou telles modifications qu'il juge utiles.

A ce moment, *et sous sa seule responsabilité*, le ministre de la défense nationale ordonne ou néglige les remaniements proposés et déclare le plan *en vigueur*.

Vienne la guerre, les deux auxiliaires du ministre, le généralissime et l'amiralissime, prennent la direction des armées et des forces navales en opérations.

Les responsabilités se déplacent : le rôle du ministre de la défense nationale, en tant que responsable de la préparation à la guerre, est terminé ; celui du généralissime et de l'amiralissime, responsables de l'exécution, commence.

« A ce moment, le ministre de la défense nationale devient le pourvoyeur des armées en opérations. Il est en relations constantes avec le généralissime et l'amiralissime, à qui il fournit le matériel, les hommes et les chevaux de remplacement qui lui sont demandés; il règle les relations des armées avec la mère-patrie et assure le fonctionnement de tous les services de l'arrière sur le territoire national.

« Le travail commun du temps de paix a dû faire de ces trois hommes une sorte de trinité, n'ayant qu'une seule et même pensée. Cette communion d'idées, dans la préparation, est un sûr garant de l'entente qui leur permettra, dans l'exécution, d'atteindre le but poursuivi : le succès.

« C'est l'absence d'un ministère de la défense nationale, de ce rouage indispensable pour assurer l'unité de vues et la suite dans les idées, qui nous a conduits récemment à la reculade honteuse de Fachoda, sans précédente dans notre histoire nationale. Nous avons dû avouer à la face du monde entier l'insuffisance de notre marine et l'incohérence de notre politique extérieure...

« Et quand, revenu de son douloureux étonnement, le pays a cherché les responsables d'une semblable situation, il ne les a pas trouvés : il ne peut les trouver, parce qu'ils sont légion et que, comme nous l'a dit Gilbert, en France, la préparation à la guerre est l'œuvre anonyme de toutes les bonnes volontés (1).

---

1. Voici la phrase textuelle de Gilbert : « La préparation à la guerre est, en Allemagne, l'œuvre d'un seul homme, assisté

« Or, la véritable préparation à la guerre, seule susceptible de nous garantir une paix durable, n'est pas seulement la préparation à une guerre déterminée, c'est la préparation à toute guerre, quelle qu'elle soit.

« La suite dans les idées qu'exige une semblable préparation est incompatible avec l'instabilité ministérielle. Elle implique la nécessité d'un rouage permanent. C'est notre conviction profonde, et nous demandons à nos législateurs, si unis quand il s'agit des intérêts de la patrie, de combler au plus vite cette lacune de l'organisation actuelle, en créant le ministère de la défense nationale[1]. »

*
* *

Par malheur, si un ministère de la défense nationale est bien la solution idéale du problème, si en théorie cette création est bien la plus susceptible d'assurer l'unité de vues et la juste pondération des efforts, on s'est demandé si le chef de l'État trouverait aisément le grand citoyen capable de remplir un tel poste.

« Il me semble, s'écrie l'amiral Réveillère, que si je sentais sur mes épaules l'écrasant fardeau de l'organisation militaire en France, en Algérie, au

---

d'un personnel de son choix; en France, elle a été l'œuvre de toutes les bonnes volontés : dans ces conditions, est-elle complète? »

1. *La France de demain*, numéro de février 18[illegible]

Soudan, à Madagascar, au Tonkin, de la défense de la frontière du Tonkin contre la Chine, de la défense du littoral contre l'Angleterre, sans parler de la défense de la Corse contre l'Italie et de la protection de nos colons en Algérie-Tunisie contre une révolte musulmane toujours imminente.., et si un brave homme venait me dire : « En auriez-vous assez de la frontière de l'Est ? » je lui répondrais : « J'en aurais encore de trop. »

« Et s'il me proposait de me décharger du reste, je l'embrasserais sur les deux joues et je le regarderais comme mon meilleur ami.

« Il me semblerait me trouver dans la situation d'un homme ayant à combattre un géant et un nain ; je saurais infiniment de gré à qui me débarrasserait du nain, car il peut devenir fort gênant en cette occurrence... »

L'amiral plaide ensuite, au point de vue technique, la cause de l'autonomie de l'action navale.

« *Le rôle de la marine de guerre est de combattre l'ennemi flottant.*

« Ce sera le principe qui nous servira de guide dans la recherche de cette *soudure* — la fameuse soudure entre le ministre de la défense de la terre ferme et le ministre de la défense des eaux nationales, destinés à combattre, l'un et l'autre, deux ennemis d'espèces différentes, sur des éléments qui n'ont aucun rapport.

« Nous (les marins) nous croyons les adversaires

naturels de l'ennemi flottant, rien de plus, et, par une conséquence très logique, nous considérons comme de notre ressort de nous opposer aux *coups de main*, c'est-à-dire aux débarquements tentés avec les ressources dont disposent les navires, ce qui est encore combattre l'ennemi flottant.

« L'ennemi flotte-t-il?... A-t-on à combattre des navires ou leurs équipages? c'est affaire à la marine. L'ennemi prend-il possession du sol? c'est affaire à la guerre.

« Et, qu'il y ait ou non un ministère de la défense nationale, *dans la pratique*, il en sera toujours ainsi, par la raison qu'il n'en peut être autrement.

« Et le changement de rôle, le transfert de commandement (ce qui ne peut avoir lieu que dans le cas très rare de la descente d'une armée d'invasion) se feront tout naturellement, selon les besoins des circonstances, sous la pression de la nécessité.

« Les gens qui aiment à fendre les cheveux en quatre pourront discuter toute l'éternité à laquelle des deux mailles voisines appartient leur côté commun, les deux mailles voisines n'en seront pas moins deux mailles différentes.

« Si, devant l'ennemi, vous supposez des chefs assez oublieux, dans ce danger public, de leur responsabilité effective et morale, pour se manger le nez parce qu'ils ne portent pas le même bouton, il n'y aura ministre de la défense nationale qui tienne : nous serons battus. »

La dernière objection de l'amiral Réveillère est d'ordre politique.

Républicain, issu d'une vieille famille républicaine, l'amiral aime, dans la constitution actuelle, les précautions qu'elle a prises contre le pouvoir personnel, parce que, pour lui, malgré tous les ministres de la défense nationale possibles, *le pouvoir personnel, c'est l'invasion.*

S'adressant à Patiens[1], le président d'honneur de l'association des *Bleus de Bretagne* lui dit :

« Seriez-vous assez bon pour lever mes scrupules constitutionnels ? La constitution porte dans les attributions du président de la République : *il commande les armées de terre et de mer.* En conseil, bien entendu.....

« Votre ministre de la défense nationale ne vous semble-t-il pas un fort accroc à la constitution et, en même temps, une sorte de maire du palais ?... Maire du palais !... Quelqu'un aurait-il bercé ce rêve[2] ? »

A quoi Patiens répond, du tac au tac, que, si le ministère de la défense nationale était inconstitutionnel, on n'aurait qu'à modifier la constitution. On

---

1. Patiens : M. le capitaine Moch. On a cru longtemps que ce pseudonyme cachait la personnalité de M. de Freycinet.

2. Les citations qui précèdent sont empruntées à une étude sur la défense des côtes parue, sous la signature de l'amiral Réveillère, dans la *Marine française* du 10 décembre 1894.

l'a déjà revisée ou l'on a proposé de la reviser pour des objets certes moins intéressants.

Mais il est inutile, en l'espèce, d'aller, pour cette réforme, à Versailles.

« La constitution dispose bien, en effet, que le président de la République commande les armées de terre et de mer ; et il est sous-entendu que c'est par l'intermédiaire des ministres compétents, puisque le président ne peut accomplir aucun acte autrement que couvert par la signature d'un ministre. Cette restriction est si formelle, comme on sait, qu'elle aboutit, par exemple, à une chinoiserie, quand elle fait figurer la signature du président du conseil démissionnaire au bas de l'acceptation de sa démission, ainsi que de la nomination de son successeur. »

Mais Patiens observe que, nulle part, la constitution ne fixe le nombre des ministres. Pour modifier ce nombre, il suffit d'une loi accordant les crédits nécessaires.

En fait, le nombre des départements ministériels a été modifié plusieurs fois depuis 1875, le plus souvent par un simple décret, mettant les Chambres en face d'un fait accompli et les obligeant moralement à voter les crédits correspondants : création d'un ministère des postes et télégraphes ; suppression de ce ministère après quelques années de fonctionnement ; création du ministère des colonies.

Si donc on veut réunir en un seul les deux ministères militaires, la chose est bien facile, d'autant plus facile qu'au lieu de dépenses nouvelles la fusion produira des économies considérables.

Reste le spectre de la dictature. Mais, si une dictature pouvait être considérée comme un événement vraisemblable, un ministre de la défense nationale ne la rendrait pas plus facile à établir que la répartition actuelle des services. Ce n'est pas en marchandant les pouvoirs au ministre responsable de notre défense que l'on barrera le chemin à la dictature.

« Les coups d'État n'ont jamais été imposés, comme on est porté à le croire, par une poignée d'hommes à un peuple réfractaire; ou bien il faudrait que ce peuple fût singulièrement lâche. La vérité est que, quand un coup d'État doit se produire, il se produit, quelques précautions qu'on ait prises contre lui, parce que ses fauteurs disposent alors non seulement de quelques complicités actives, mais d'une multitude de complicités passives. C'est ce qui a lieu quand un pays aussi centralisé, aussi déplorablement fonctionnarisé que le nôtre, se laisse envahir par une anarchie morale qui énerve les esprits et détend les ressorts de cette administration si puissante.

« Alors, il se trouve toujours quelques gens disposés à tout faire, au milieu d'une foule incapable de rien faire pour les arrêter et préparée, par lassitude et découragement, à les suivre. »

On ne saurait mieux dire.

Quant à l'argument tiré de l'énormité de la tâche, il n'est que spécieux.

Assurément, si l'on persiste à concevoir les fonctions d'un ministre comme on le fait aujourd'hui, on ne trouvera jamais un homme qui soit de taille à supporter le fardeau de la défense nationale.

« Si nos ministres doivent continuer indéfiniment à s'occuper eux-mêmes des moindres détails de leur administration, s'ils doivent indéfiniment se voir houspiller par quelques centaines de législateurs qui oublient de légiférer pour le plaisir d'empiéter sur le pouvoir exécutif, si leurs bureaux doivent toujours être envahis par la foule des solliciteurs parlementaires et autres, s'ils demeurent condamnés à tomber sur une question quelconque concernant un autre ministère, quand à peine ils commencent à être au courant de la besogne, la machine continuera à marcher cahin-caha : budgets « bouclés » tant bien que mal, erreurs réparées par des virements et par des demandes de crédits supplémentaires, décrets et projets de loi insuffisamment préparés, tel sera toujours notre apanage. Et, à la mobilisation, on reverra la trilogie célèbre : ordre, contre-ordre, désordre.

« Dans ces conditions, assurément, il est inutile de songer au ministère de la défense nationale. On ferait mieux plutôt de subdiviser en plusieurs ministères celui de la guerre. Un général aurait les pouvoirs ministériels pour organiser et diriger la défense de la frontière du Nord-Est; un autre veillerait à celle du Sud-Est; un troisième personnage garderait le littoral; et même ainsi, chacun d'eux aurait de l'occupation à souhait! Ce système, développement logique de celui qui consiste à vouloir séparer le littoral du restant du territoire, serait tout bonnement celui des vice-royautés semi-indépendantes, dont l'empire chinois se trouve si mal en cas d'attaque. »

Serrant la question de plus en plus près, Patiens nous fait toucher du doigt les résultats qui sortiraient naturellement d'une autre organisation, si l'on se décidait à faire faire au ministre la tâche d'un ministre, c'est-à-dire si l'on voulait bien le considérer comme un haut personnage, responsable uniquement des actes de sa propre administration, et chargé de donner une impulsion générale et concordante à des services dirigés par des collaborateurs responsables devant lui seul et soustraits à toute immixtion étrangère; si, enfin, on lui permettait les longs pensers, en reconnaissant que dix hommes de génie, se succédant en dix ans, causeront beaucoup de mal par les vues opposées qu'ils feront prévaloir tour à tour, tandis qu'un homme ordinaire, dans le même laps de temps, aurait pu faire merveille; si, en un mot, on faisait au ministre une situation analogue à celle qu'on a fini par donner à son chef d'état-major, — alors le ministère de la défense nationale non seulement est possible, mais s'impose.

« Notre malheur est, dans ces grandes questions d'organisation, de toujours voir l'homme qui dirige, au lieu d'attacher l'importance capitale aux institutions et aux mœurs politiques. Un pays dont les institutions exigent, pour les manier, des hommes hors ligne, est bien malade. »

Chez les Allemands, par exemple, la campagne de 1870 n'a pas révélé un seul grand capitaine. *Mais ils n'en n'avaient pas besoin*, car la machine est montée, chez eux, de manière à ce que la moyenne des hommes puisse la faire fonctionner[1].

La caractéristique de cet état de choses a été donnée par le général de Roon, disant que, dans ses quatorze années de ministère, il n'avait goûté qu'un moment de repos absolu : c'est le jour où il télégraphia l'ordre de mobilisation ! Chacun savait ce qu'il avait à faire et le ministre n'avait plus qu'à aller se promener.....

Tandis qu'avec notre conception actuelle des devoirs des ministres, « ce sera un beau résultat pour ceux-ci de ne pas être devenus fous avant la fin de la mobilisation ».

LE CONSEIL DÉFENSIF DE LA FRANCE

A défaut d'un ministère de la défense nationale, le grand conseil réclamé par M. Berteaux réaliserait

1. C'est la même raison qui fait qu'ils n'admettent pas, en campagne, d'avancement exceptionnel.

un progrès considérable sur l'organisation actuelle.

On pourrait l'appeler le *Conseil défensif de la France.*

La création du premier conseil de ce genre remonte à l'année 1818.

Après avoir procédé à la destruction de l'armée napoléonienne, de 1815 à 1818, la Restauration comprit que les immolations des généraux et des officiers de tout grade devaient prendre fin. Le maréchal Gouvion-Saint-Cyr arrêta l'essor sanguinaire des conseils de guerre et mit fin au règne terroriste des cours prévôtales confiées à MM. les émigrés. On s'occupa de la France et des moyens d'assurer la sécurité de ses frontières de terre et de mer.

Le 13 mai 1818, un rapport approuvé par le roi et rédigé par le maréchal Gouvion-Saint-Cyr, avec la collaboration du général Marescot, indiquait la nécessité de la réfection des places fortes de la France, à raison des événements désastreux de 1815 et des conséquences qu'avaient eues pour nous les traités de Vienne.

Une commission provisoire, dite de défense, était nommée et fonctionnait bientôt sous la présidence du général Marescot.

Dans les instructions adressées au général président, Gouvion-Saint-Cyr avançait que la perte de quelques forteresses, laissant à découvert des débouchés importants, « a donné à l'ennemi des moyens d'attaque là où la prévoyance de Louis XIV et le génie de Vauban en avaient établi pour la défense ». Il attestait « les changements survenus depuis quelques années dans le système de guerre ». Tout était à modifier dans notre organisation défensive, « notamment à raison de la capitale, Paris ».

Un mémoire d'intérêt général, rédigé préalablement par le général Marescot, servit de thème aux discussions de la commission, qui siégea du 6 juillet 1818 au 31 janvier 1821. Les procès-verbaux des séances sont renfermés en un volume grand in-4°, manuscrit, qui existe aux archives de la guerre.

La commission étudia l'organisation de la défense sur nos frontières de terre *et de mer*. Cependant, la marine n'y eut aucun représentant.

Et, à ce sujet, la lecture des procès-verbaux nous a révélé un incident, très suggestif, qu'il est nécessaire de mettre en lumière. Appelé à apposer sa signature sur le travail définitif de la commission, son président, le général Marescot, n'hésita pas à formuler des « restrictions » qui lui font le plus grand honneur.

Citons textuellement, d'après le manuscrit conservé au dépôt de la guerre :

« La répugnance (*sic*) du général Marescot provient des motifs suivants :

« Il a toujours regardé comme incomplète la formation de la commission de défense, composée de généraux d'état-major, de l'artillerie et du génie : *elle eût dû l'être encore de généraux de marine* (amiraux). Il en avait parlé originairement à M. le maréchal de Saint-Cyr, alors ministre. Mais, ayant été obligé de faire une longue absence, cette proposition n'eut pas de suite. A son retour, il mit, mais inutilement, le 27 mai dernier, cet objet sous les yeux de la commission qui, alors, croyait son travail terminé. *Les côtes sont les deux tiers des frontières du royaume. Cette partie considérable du travail n'offre donc pas de garantie suffisante.*

« Signé : MARESCOT. »

Quelle constatation et quel reproche !

Depuis, bien d'autres commissions ou conseils de défense ont été nommés et ont fonctionné, sans qu'il ait été tenu aucun compte des objurgations si sages du général Marescot.

A l'heure où nous sommes, pour composer rationnellement le conseil défensif de la France, il suffirait de prendre pour base notre conseil supérieur de la guerre, augmenté d'abord des amiraux pourvus de lettres de commandement en chef à la mer en temps de guerre.

A ces officiers généraux viendraient s'ajouter :

Le ministre des affaires étrangères ;

Le ministre des colonies ;

Cinq sénateurs et cinq députés, désignés au scrutin de liste par ces assemblées.

Nous ne donnons là qu'une esquisse, susceptible de toutes les retouches que l'on voudra. L'important est que, dans la composition définitive, la prépondérance reste assurée aux représentants élus de la nation.

Un tel conseil nous donnerait infiniment plus de garanties que l'organisation actuelle; il s'opposerait aux économies dangereuses comme aux dépenses inutiles; il nous obligerait *à proportionner les efforts aux résultats à obtenir*.

Étant bien entendu qu'en fin de compte, le dernier mot appartiendra toujours au Parlement, dont le contrôle s'exercera par le vote ou le refus des crédits demandés en exécution des *directives* indiquées par le conseil défensif de la France.

CHAPITRE IV

LA FRONTIÈRE D'ALSACE-LORRAINE ET LE SYSTÈME DÉFENSIF DE LA FRANCE

La première question à résoudre, soit par le ministre de la défense nationale, soit par le conseil défensif de la France, est évidemment celle de savoir, au juste, ce qui dans les critiques de M. de Lanessan est fondé et ce qui ne l'est pas.

Quelle organisation permanente nous mettra en état, d'abord de soutenir le choc de l'offensive allemande, puis de passer, sans retard, à la contre-offensive?

LA MOBILISATION ET LES EFFECTIFS

La France dispose de vingt corps d'armée, chacun à deux divisions d'infanterie, sauf les 6e, 7e et 19e corps, qui comptent trois divisions[1].

---

1. La plupart de nos chiffres sont empruntés aux études les plus récentes de M. Pierre Baudin, rapporteur général de la commission du budget, qui a serré de très près la question des effectifs.

A ces forces actives, il faut ajouter :

1° Huit divisions de cavalerie indépendantes ;

2° Trois divisions de troupes coloniales, stationnées dans nos cinq ports de guerre et ayant une brigade détachée à Paris.

Quelle est la part de cet ensemble disponible contre l'Allemagne ?

On admet que les corps de la frontière des Alpes (14e corps, Lyon ; 15e corps, Marseille, et la 6e division de cavalerie, Lyon) resteraient en observation, au moins jusqu'à ce que l'Italie ait pris un parti définitif.

D'autre part, le 19e corps et la division d'occupation de Tunisie sont également indisponibles. Leurs forces [1] pourraient éventuellement être transportées sur les Vosges, si rien ne menaçait la tranquillité de la France africaine et si la mer demeurait suffisamment libre.

Bref, toutes ces déductions faites, il nous reste, pour notre frontière du Nord-Est, dix-sept corps d'armée actifs, plus sept divisions de cavalerie indépendantes et tout ou partie des troupes coloniales stationnées dans les ports militaires, soit 610 batail-

---

1. Le 19e corps et la division de Tunisie comptent : 1° quatre régiments de zouaves, quatre régiments de tirailleurs, deux régiments étrangers, cinq bataillons d'infanterie légère, soit plus de cinquante bataillons d'infanterie ; 2° six régiments de chasseurs d'Afrique et quatre régiments de spahis, soit également plus de cinquante escadrons de cavalerie ; 3° dix-neuf

lons d'infanterie (y compris 30 bataillons de chasseurs à pied), 400 escadrons de cavalerie, 500 batteries de campagne.

Cet ensemble n'est que légèrement inférieur, en infanterie surtout, à l'ensemble allemand *actuel*. Il le serait davantage si on tenait compte des augmentations prévues en Allemagne, de 1905 à 1910, et qui donneront un total de 633 bataillons, 510 escadrons, 574 batteries de campagne (à six pièces).

Mais, pratiquement, notre situation est moins mauvaise, parce que, si nous devons laisser de côté, pour la garde de la frontière des Alpes, deux corps d'armée, une division de cavalerie et quelques bataillons de chasseurs, les Allemands ne doivent pas distraire moins de cinq corps d'armée pour couvrir leur frontière de Pologne.

Il est vrai que, dans la situation actuelle de l'Europe, la Russie ne compte plus guère. Les Allemands pourraient donc utiliser ailleurs une partie au moins des corps de la frontière polonaise. Par contre, l'abstention de l'Italie et l'entrée en ligne des corps de débarquement anglais feraient plus que rétablir l'équilibre.

Voilà pour le cas de guerre.

En temps de paix, à la veille de l'ouverture des hostilités, notre situation est beaucoup moins bonne.

Notre effectif total de paix ne dépasse guère 570 000 hommes, contre 600 000 de l'armée allemande, avec cette circonstance aggravante que dans nos 570 000 soldats figurent les effectifs de l'Algérie-Tunisie, indisponibles à l'heure du premier choc.

Bref, *les effectifs déjà très faibles de la loi des cadres ne peuvent jamais être atteints.* Si on considère, par exemple, l'infanterie, la loi des cadres a fixé à 120 l'effectif des compagnies; or, il reste toujours inférieur à 120 et devient trop souvent inférieur à 90, en y comprenant les hommes peu vigoureux, qu'il faudra laisser dans la garnison au moment du départ en campagne, et que nos ressources en hommes ne nous permettent pas de remplacer [1].

***

Si l'on examine, maintenant, la répartition territoriale des corps d'armée, on découvre que nous n'avons pas eu, au même degré que l'Allemagne, la préoccupation de presser toujours davantage les corps vers la frontière la plus exposée.

Derrière nos 7e, 6e et 20e corps, qui bordent la frontière et représentent huit divisions d'infanterie, nous ne trouvons que le 8e corps, s'étalant de Bourges à Dijon; le 5e, d'Orléans à Blois, Melun et Auxerre; le 1er, de Lille à Rocroi; le 2e, d'Amiens à Beauvais et Laon, soit huit divisions d'infanterie pour ces quatre corps. Plus loin : le 3e, de Caen et

1. Il est permis de se demander si le fonctionnement de la loi de deux ans ne produira pas, à bref délai, une diminution sensible de ces chiffres.

du Havre à Rouen et Paris ; le 4e, de Laval au Mans et à Chartres, soit quatre divisions d'infanterie pour ces deux corps. Donc, au total : vingt divisions d'infanterie dans la zone allant de la frontière à Lyon, Nevers, Bourges, Blois, Laval, Caen, Le Havre et Dunkerque, c'est-à-dire dans la région correspondant directement et facilement avec notre frontière du Nord-Est. Or, cette région représente la moitié du territoire national, supposé diminué de la zone des 14e et 15e corps, placés sur la frontière italienne.

Sur la seconde moitié du territoire national (Ouest, Sud-Ouest et Midi, à partir de la Loire), on trouve presque autant de corps d'armée que dans la première moitié (front n° 2) ci-dessus indiquée, soit huit corps d'armée ou seize divisions d'infanterie (10e, 12e, 9e, 12e, 13e, 16e, 17e, 18e corps d'armée).

Donc, sur trente-six divisions d'infanterie disponibles contre l'Allemagne (abstraction faite des 14e et 15e corps) :

Première moitié du territoire. . .	20 divisions
Deuxième moitié du territoire. . .	16 —
TOTAL.	36 divisions

Tandis que la répartition allemande est en trois zones égales chacune au tiers du territoire germanique.

Par suite, l'emplacement des trente-sept divisions d'infanterie *disponibles contre la France* (1) donne :

Tiers du territoire (frontière française)	26 divisions
Second tiers du territoire (zone centrale)	11 —
ENSEMBLE	37 divisions

La supériorité de la répartition allemande saute aux yeux.

* * *

Pour remédier à cette situation, il ne faut pas craindre d'en arriver à constituer, dès le temps de paix, sur la frontière du Nord-Est, *une armée de choc aussi forte que celle rassemblée par les Allemands*.

« Que, des deux côtés, le quart de l'armée permanente, l'élite du recrutement et les meilleurs officiers se tiennent à la frontière, prêts pour un choc initial ; nous ne voyons rien là que de propice à notre vieil esprit guerrier. Cette sorte de combat des Horaces et des Curiaces nous offre bien des chances favorables. Là se bornerait peut-être la

1. Abstraction faite des corps de la frontière russe qui occupent le troisième tiers du territoire.

guerre, ramenée à ses anciennes formes, qui sont les vraies au sens militaire, et dégagée de toutes les innovations de la nation armée. L'humanité, à coup sûr, n'aurait pas à s'en plaindre [1]. »

Comme mesure transactionnelle, nous proposerions de donner à nos troupes de couverture des effectifs de paix tels qu'elles puissent se mobiliser uniquement avec l'appoint des réservistes à proximité.

Pour y parvenir, l'effectif de ces troupes devrait être fonction des ressources en hommes de la région où elles sont stationnées.

LES FORTIFICATIONS ET LE SYSTÈME DU GÉNÉRAL DE RIVIÈRES

« La frontière du Nord-Est est ouverte depuis Rocroy jusqu'à Belfort », nous a dit l'honorable M. de Lanessan.

Et avant M. de Lanessan, le général de Négrier nous avait avertis que nos forts d'arrêt, dont la construction a englouti les millions par centaines, « seront pulvérisés en quelques instants par le souffle des obus-torpilles ».

A son tour, M. le général Langlois, parlant le

1. Capitaine GILBERT, *Études militaires*.

dernier, affirme que « faire une dépense quelconque pour réfectionner nos forts d'arrêts serait une pure folie ».

Toutes les coupoles cuirassées, toutes les épaisseurs de béton que l'on ajouterait n'y changeront rien, parce que la conception même de ces ouvrages est fausse, illogique.

Et, à ce propos, comment ne pas nous souvenir que tout ce qui se répète aujourd'hui nous fut dit, il y a quelque vingt ans, par un écrivain militaire du plus rare mérite, avec qui nous eûmes l'honneur de collaborer à la *Nouvelle Revue* et dont l'œuvre n'a pas vieilli ?

Oui, toutes les questions de l'heure présente, tous ces problèmes que la crise extérieure rend si angoissants ont été posés par Gilbert dans une série d'études militaires qui parurent, successivement, dans la *Nouvelle Revue*, au cours des années 1887 à 1890.

Nous rappellerons d'abord sa critique de nos lignes de barrage, de ces digues fortifiées de 100 à 120 kilomètres, assises sur les hauts de Meuse et les falaises de la rive gauche de la haute Moselle. Critique d'autant plus saisissante, aujourd'hui, que ses principaux arguments sont pris en dehors de la mélinite et des progrès de l'artillerie.

*
* *

Maîtres de l'Alsace-Lorraine, les Allemands ont compris que « c'était pour eux une nécessité, à la fois diplomatique et militaire, de ne pas nous laisser pénétrer sans combat sur cette terre où l'apparition du premier soldat français provoquerait, à la face de l'Europe, une sanglante insurrection ».

Rejetant l'appui de la fortification, laissant à découvert les 100 kilomètres de leur front de débarquement, ils ne veulent compter que sur la supériorité numérique de leur armée de choc.

L'offensive de la première heure, qui contraindra l'adversaire à parer les coups, bien loin de pouvoir en porter, est donc la conséquence nécessaire de leur mode de couverture. Elle leur est absolument imposée.

Aussi les a-t-on vus s'appliquer constamment, d'une part, à rehausser leurs effectifs en Alsace-Lorraine et, d'autre part, à perfectionner leur réseau ferré en vue d'une offensive à outrance.

« Aujourd'hui, notre méthode de guerre allemande se propose comme objectif une grande bataille décisive et immédiate, inséparable dans notre pensée d'une *offensive absolue...* » (Von der Goltz, *La Nation armée*, page 156).

Et le 13 mai 1893, en pleine séance de Reichstag, le général de Caprivi s'exprime ainsi à son tour :

« Nous sommes tenus de prendre l'offensive, non seulement parce que cela est toujours avantageux, mais encore parce que cela répond à nos traditions et à notre situation économique. Il faut que l'on comprenne que les forces de l'Allemagne doivent être augmentées de façon à nous mettre en état de défendre nos frontières de la seule façon dont elles doivent être défendues, c'est-à-dire *par l'offensive.* »

A toutes ces menaces, nous n'opposons que le système du « cordon fortifié » du général Seré de Rivières, *la muraille de Chine moderne.*

Ce système pouvait se concevoir au lendemain de la défaite, en pleine période de recueillement ; le grand tort a été de vouloir l'adapter à la situation née des périodes plus réconfortantes qui ont suivi et de persister à en faire la base intangible de toutes nos conceptions.

⁂

Sur le territoire devenu allemand, Metz et Thionville sont les seules places qui réclament quelque protection pendant leur mobilisation. Strasbourg est en pleine sécurité, grâce à son éloignement de toute garnison française et à la barrière des Vosges. Par suite, l'armée de choc allemande jouit de l'entière liberté de ses mouvements offensifs.

Chez nous, au contraire, les forteresses dites de couverture se mobilisent à portée de l'ennemi et il est infiniment probable que, pendant cette opération auront besoin d'être couvertes elles-mêmes par des éléments mobiles qui seraient beaucoup mieux employés pour l'offensive.

« Passif et inutile pendant la période des grandes batailles, notre système de défense à l'extrême frontière ne rendrait aucun service en cas de revers. D'aucuns mêmes prétendent qu'en ouvrant sur nos flancs et nos derrières les vastes *souricières* de quatre grands camps retranchés, il nous créerait de sérieux dangers. L'attraction sera grande et, *si l'on s'appuie trop longtemps sur ces camps, on pourra renouveler la faute de Bazaine en y laissant enfermer une armée.* »

Sans aller jusqu'à admettre cette hypothèse pessimiste, il est évident, et M. le général Langlois lui-même en est demeuré d'accord, il est évident que l'ennemi, pénétrant par les trouées et prenant à revers les lignes de barrage, aura bientôt fait, avec ses parcs mobiles, de réduire les ouvrages isolés. Il y trouvera une partie du matériel nécessaire au siège des véritables places fortes et n'aura, d'ailleurs, aucune peine à compléter ce matériel par les apports de ses voies ferrées.

On aperçoit ici une grande cause de faiblesse inhérente à la situation frontière. Contre une place frontière, le vainqueur dispose de son réseau national pour amener à pied d'œuvre tous ses engins d'attaque.

Les divisions de réserve allemandes suffiront à

observer ou attaquer nos camps retranchés[1], et les troupes de campagne, ainsi rendues maîtresses de leurs mouvements, auront toute liberté de nous pousser l'épée dans les reins.

Or, en dehors de Paris, nos armées n'ont pas un point solide où se raccrocher. Des plaines lorraines à la Loire, la France est complètement ouverte.

« C'est au moment où nous sommes contraints à la défensive, et où la fortification permanente serait réellement utile, qu'elle nous fait défaut. Elle a dépensé à tort toutes ses ressources sur la ligne même où nous livrons nos premières batailles, de sorte qu'à peine ramenés en arrière, nous n'avons plus rien à en attendre. »

Toutefois, il n'est que juste de reconnaître que l'auteur principal de notre système de fortification, M. le général de Rivières, avait prévu le cas. Nous lisons, en effet, ce qui suit dans le rapport qu'il adressait, le 20 mai 1874, au conseil supérieur de défense :

« En arrière de la région où l'on est sûr désormais que se livrera la première bataille, on a com-

1. Leur tâche sera facilitée par la nature forestière des abords que nous n'aurons pas eu le temps de déboiser suffisamment. Dans certains cas, d'ailleurs, il ne sera pas nécessaire de se rendre maître d'une place pour enlever une voie ferrée. Toul, par exemple, peut être tourné, en enlevant le seul fort de Lucey et en prolongeant, par la vallée de Trondes, le chemin de fer de Thiaucourt jusqu'à la grande ligne de l'Est.

pris la nécessité d'établir, sur les routes naturelles d'invasion, des *haltes* qui, rompant assez tôt la poursuite de l'ennemi, permettent à l'armée de trouver cet instant de repos qu'elle n'eût pas manqué, sans cela, de chercher du premier coup sous les murs de Paris, ou plus loin encore vers le centre de la France.

« On a donc été conduit à renforcer par des ouvrages certaines régions qui, dans ces vastes étendues, se montreraient plus favorables à la défense.

« C'est ainsi qu'on a décidé l'occupation des positions de Laon, de La Fère, de Reims, d'Épernay, de Sézanne, de Nogent, de Montereau, à la lisière du brusque mouvement de collines qui limite, du côté de l'ouest, les plaines de Champagne, à mi-distance entre Paris et la frontière, et sur chacune des routes d'invasion par les vallées de l'Oise, de la Marne et de la Seine. Mais qu'on ne l'oublie pas, chacune de ces positions n'est qu'une halte, non une place, encore moins un camp retranché. »

L'opportunité de cette halte sur les falaises de Champagne est très contestable. C'est encore une conception qui exclut toute idée d'offensive et qui semble n'admettre, pour les armées françaises, que la défaite à jet continu.

Du reste, même au point de vue de la retraite sur Paris, l'idée de faire halte est mauvaise.

« Si l'armée, battue en Lorraine et en Champagne, se retirait directement sur Paris, elle arriverait, sans doute, en désordre et plus ou moins disloquée dans cette région ; mais il n'y aurait rien de compromis. Ce mouvement serait donc préférable à une halte sur la falaise pour rompre la poursuite et trouver un instant de repos. Cette halte, en effet, l'exposerait à être tournée ou à devoir livrer une nouvelle bataille avec moins de chances de succès que la première, tandis qu'en se retrouvant sous les murs de Paris, elle ne courrait aucun danger et pourrait, si elle était attaquée, se défendre dans de bonnes conditions[1]. »

D'une manière générale, la solution préconisée par le général de Rivières est absolument dangereuse. Elle nous montre, en stratégie, l'influence néfaste de la fortification subjective, fondée sur de simples considérations de topographie.

En préparant de nouveaux champs de bataille sur la falaise de Reims, on impose à nos armées une retraite directe sur Paris et la région du Nord. *C'est-à-dire que l'on isole des cinq sixièmes de la France, pour les entasser dans une sorte de cul-de-sac, toutes nos forces vives, tous les cadres de nos ressources nationales.*

« Paris est la tête de la France, a dit Clausewitz ; mais Orléans en est le cœur, et c'est le cœur qu'il faut couvrir. »

Après nous avoir refoulés sur la Somme, acculés à la mer ou rejetés sur Paris, l'ennemi, reprenant le

1. Général BRIALMONT, *Les Régions fortifiées.*

plan de Clausewitz, n'ira point attaquer cette capitale, que ses dimensions mettent désormais à l'abri d'un investissement régulier ; il se contentera de l'observer et dirigera ses forces disponibles sur Orléans et le cours moyen de la Loire [1].

La véritable direction de retraite du gros de nos armées n'est donc pas vers Paris ; elle est encore moins sur Reims et Laon.

« C'est derrière la Loire que nos troupes de campagne pourront se refaire avec sécurité. C'est dans les flancs de l'invasion, dans le massif inexpugnable du Morvan, dans le bassin supérieur de la Saône, protégé par le quadrilatère Dijon-Langres-Belfort-Besançon, qu'une partie de nos armées pourront encore effectuer à propos une retraite latérale. Orléans, Nevers, Autun, Dôle, voilà, suivant Gilbert, les directions de nos lignes de retraite, et c'est sur ces directions qu'il fallait non pas ménager des haltes, mais asseoir des places fortes ou, mieux encore, des quadrilatères, défendus par l'armée territoriale et susceptibles d'arrêter l'ennemi durant que nos troupes actives se rétabliraient pour reprendre ensuite offensivement la campagne. »

Tout le mal vient d'une erreur initiale ; nous sommes partis d'un faux point de vue.

---

1. Là, il pourrait atteindre nos grands ateliers de Bourges, de Nevers, du Creusot, de Vonges, de Saint-Étienne ; il tarirait les centres de notre puissance militaire, il séparerait nos armées de leur réserve et de la masse du pays.

En matière de fortifications, on ne doit pas, comme nous l'avons fait, considérer le terrain en soi et pour ses propriétés géographiques. Il faut se régler sur les conceptions d'un plan de campagne.

La guerre de mouvements, la seule qui puisse donner la victoire, n'exige pas un tel luxe de fortifications permanentes. Celles-ci ne sauraient jouer un rôle tactique, et c'est une faute capitale de rechercher une liaison intime entre les armées actives et ces lourdes masses qui, suivant l'expression de Vauban, ne se meuvent pas et n'interdisent à l'ennemi que le point qu'elles occupent.

La forteresse ne prête à l'armée d'autre service que de lui assurer une retraite. Partout où l'on a voulu faire intervenir une place forte dans une bataille, comme à Metz, les 16 et 18 août 1870, le résultat a été de coller l'armée aux forts. L'appui s'est changé en adhérence. La forteresse a exercé cette « aspiration redoutable » dont parle le général Frossard [1].

1. Le fort de Saint-Quentin, dans la journée du 18 août, ceux de Saint-Julien et de Queulen dans les journées du 14 août et du 1er septembre, n'étaient qu'à 3 ou 4 kilomètres de certaines parties du champ de bataille. Leur action directe y fut à peu près nulle. De même, à Paris, l'action des forts de Nogent, Bicêtre, Mont-Valérien, dans les affaires de Champigny, l'Haÿ, Buzenval.

LA QUESTION DE NANCY

Faut-il fortifier Nancy?

M. de Lanessan dit oui. Le général Langlois dit non.

Gilbert, que nous avons vu combattant avec énergie tout le système des barrages fortifiés du général de Rivières, ne réclame l'aide de la fortification permanente, dans le voisinage de l'ennemi, que pour le « couronné » de Nancy. Les raisons qu'il en donne méritent, assurément, de fixer notre attention.

Le couronné de Nancy (plateau de Faulx, Amance, Pulnoy) constitue, sur la rive droite de la Meurthe, une tête de pont de premier ordre. Son développement est suffisant pour se prêter au débouché de plusieurs corps d'armée vers la Seille. Dans son enceinte aboutissent les grandes routes de Toul, de Neufchâteau, de Mirecourt à Nancy. De là, vers l'est, partent les routes d'invasion qui conduisent à Nomeny et à Château-Salins. Enfin, sur la corde de ce vaste arc de cercle, six ponts fixes, à Custines, Bouxières, Malzéville, Nancy, Tomblaine, Art, permettent de franchir la Moselle et la Meurthe.

Le couronné de Nancy est donc pour nous un point stratégique d'une grande valeur *offensive*.

Son importance n'est pas moindre, au point de vue de la *défensive*.

Lorsque les masses allemandes auront achevé leur concentration sur la base Metz-Avricourt-Sainte-Marie-aux-Mines, elles s'ébranleront soit vers la Meuse, en prenant au nord de Toul, soit vers la trouée de la Moselle ; peut-être même leur courant se partagera-t-il entre ces deux directions. Dans toutes ces hypothèses, il viendra battre les pentes du couronné de Nancy.

Que les Allemands entament, en effet, une marche par le flanc des colonnes, de la haute Sarre et des Vosges, vers le front Metz-Nancy, ou qu'inversement ils descendent de Metz vers le sud, trois de leurs grandes lignes d'opérations convergent à Nancy : l'occupation du couronné par nos ouvrages permanents aurait donc pour objet de les contraindre à étendre leurs mouvements, elle supprimerait plusieurs routes disponibles, elle serait une menace permanente sur leurs flancs.

Le couronné de Nancy est une sorte de coin enfoncé au cœur des lignes d'opérations allemandes.

C'est là qu'il eût fallu établir un vaste camp retranché, « dont l'influence ne manquerait pas de se faire sentir dès les premières heures de la mobilisation et modifierait radicalement notre situation de couverture ».

Dans un article du *Temps,* M. le général Langlois a repoussé en ces termes l'idée de fortifier Nancy :

« Ce serait une faute lourde de fortifier Nancy, aussi bien au point de vue de la défense de la France que dans l'intérêt de la ville elle-même. Par contre, il est indispensable de préparer l'opinion publique à ne voir dans l'occupation de Nancy, le cas échéant, qu'un incident sans aucune gravité. *Cela doit entrer dans les prévisions et ne causer aucune émotion.* Nous faisons appel à la presse pour faire pénétrer profondément cette idée dans l'esprit de nos populations[1]. »

Si nous sommes disposé à admettre qu'une telle éventualité *doit* entrer dans les prévisions, il nous paraît un peu bien hardi de décréter que la frontière enfoncée du premier coup et l'occupation de la capitale de la Lorraine française ne causeront aucune émotion. C'est peut-être faire trop bon marché de l'effet moral, si important à la guerre, surtout dans un pays aussi impressionnable, aussi nerveux que le nôtre.

Et qui ne voit que le plus grand tort peut-être des adversaires de Nancy à l'abri d'un coup de main, c'est de raisonner exclusivement comme si l'effet moral ne devait se faire sentir que sur le défenseur?

Si l'on peut admettre, à l'extrême rigueur, que notre moral ne sera pas atteint par de tels échecs initiaux, personne n'osera contester que le moral de l'envahisseur en sera singulièrement raffermi. Au vrai, toutes les énergies allemandes en seront exaltées au suprême degré.

---

1. Général Langlois, lettre au *Temps*, du 20 décembre 1905.

Prévost-Paradol l'a dit en excellents termes :

« Le devoir de combattre en reculant sur son territoire envahi exige plus de force d'âme, plus de fermeté dans le jugement et plus de constance militaire que l'action d'envahir le pays avec l'élan que donnent à l'homme l'entrain de l'attaque et l'espoir de la conquête. »

C'est là un bénéfice considérable que l'état-major de Berlin n'a pas manqué de faire entrer en ligne de compte dans ses prévisions, et que nous sommes bien fous de négliger. Ce n'est pas le seul. L'occupation d'une province peut influer et influera certainement sur l'attitude des neutres, sur le jeu des alliances, au point de déterminer l'entrée en ligne ou l'abstention d'adversaires secondaires.

Nous l'avons bien vu en 1870, où nous avions toutes les raisons de compter sur l'intervention des Autrichiens, encore tout saignants de la défaite de Sadowa. Les choses avaient été poussées si loin, qu'au moment de la déclaration de guerre, le général Lebrun se trouvait en mission à Vienne, où il étudiait un plan d'opérations combinées entre les armées française et autrichienne. Ce furent nos échecs initiaux qui entraînèrent la chute du ministère du comte Beust et décidèrent de la non-intervention des vaincus de 1866.

Du reste, aux yeux des Allemands, l'influence de l'effet moral produit par l'invasion immédiate d'une partie du territoire ennemi est si grande, que von der Goltz n'a pas craint d'écrire les lignes suivantes :

« *Aucun État ne voudra abandonner, dès le début de la guerre, une province menacée,* QUAND BIEN MÊME CETTE MESURE SE JUSTIFIERAIT AU POINT DE VUE MILITAIRE. *Aujourd'hui, l'opinion publique de la nation entière joue un trop grand rôle pour que la chose soit possible* (1). »

---

1. Von der Goltz, *La Nation armée*, page 189.

CHAPITRE V

LES FRONTIÈRES NEUTRES

I — LA BELGIQUE ET LE LITTORAL HOLLANDO-BELGE

Depuis la mer du Nord jusqu'aux sources de la Chiers (320 kilomètres environ), la France confine à la Belgique. Les traités de 1871 ne lui ont laissé qu'une douzaine de kilomètres communs avec le grand-duché de Luxembourg.

Cette frontière est tout artificielle ; aucun obstacle sérieux ne la protège. De nombreuses rivières (Lys, Scarpe, Escaut, Sambre, etc.) la traversent. On trouve, il est vrai, depuis le Luxembourg jusqu'à la Meuse (80 kilomètres), les hauts plateaux[1] stériles, marécageux et boisés des Ardennes, mais ces plateaux ne forment plus une zone absolument impropre aux opérations militaires. « La marche, les manœuvres et le ravitaillement des grandes masses y présenteraient des difficultés sérieuses, mais nullement insurmontables. »

L'organisation de la défense sur cette frontière a soulevé plus d'une critique.

---

1. Leur altitude varie de 400 à 600 mètres.

On a édifié, en effet, un ensemble de défenses qui protège directement une zone où l'ennemi ne saurait apparaître, et qui, pour protéger indirectement la véritable zone d'invasion, réclamerait le concours d'une armée soustraite, *a priori*, au théâtre principal d'opérations.

Le delta Dunkerque-Calais-Watten, la grande place de Lille, la région fortifiée Valenciennes-Maubeuge barrent, de la mer à la Sambre, toutes les avenues de la Belgique. Tandis que de Maubeuge à Longwy, par contre, sur une étendue de 160 kilomètres, cette frontière est largement ouverte.

Hirson, Givet, Les Ayvelles, Montmédy ne sont que des forts d'arrêt. Et de quelle valeur!

Or, si la neutralité belge doit être violée par les Allemands, ce ne sera pas pour déboucher entre la mer et la Sambre, dans une direction complètement excentrique aux armées qui opéreraient sur la Meuse. Leurs lignes d'invasion seraient tracées, à travers les Ardennes belges, par la rive droite de la Sambre et la trouée de Chimay. « Nous nous trouvons donc avoir fermé les portes où l'on ne frappera point, et laissé libres les véritables chemins d'invasion. »

Valeur du territoire belge

La violation de la neutralité belge par les armées allemandes est probable, sinon certaine.

On a été jusqu'à prétendre que les Belges mettraient à la disposition des Allemands leurs places et leur réseau ferré, parce qu'un article secret du traité du 14 décembre 1831 stipule que le roi des Belges hérite de toutes les obligations du roi des Pays-Bas et, notamment, de celle de concerter, en cas de guerre, avec les quatre cours de Vienne, Londres, Pétersbourg et Berlin, les mesures de défense des forteresses désignées par un protocole du 15 novembre 1818.

Mais les premiers ministres belges, MM. Malou et Bernaert entre autres, ont déclaré, à plusieurs reprises, que ces stipulations devaient être considérées comme doublement nulles, parce qu'elles n'ont pas été revêtues de la sanction législative et parce qu'elles sont contraires au principe de la neutralité belge.

Du reste, les sacrifices consentis par le peuple belge pour la mise en état de défense des places d'Anvers, de Liège et de Namur, semblent indiquer la ferme volonté de défendre sa neutralité aussi bien contre les Allemands que contre les Français.

On admet, cependant, le peu d'efficacité de cette défense.

Non pas qu'il soit présumable que le gros des armées emprunte le territoire belge. Le tracé des réseaux ferrés français et allemands, et les emplacements des quais de débarquement montrent trop bien que l'on se propose d'opérer les principaux rassemblements, de part et d'autre, à la frontière franco-allemande. Par suite, tout plan qui ne serait pas basé sur l'utilisation rationnelle de ces immenses moyens de transport et de débarquement doit être tenu pour invraisemblable. On est donc amené à conclure que le territoire belge ne saurait servir de passage au gros des forces adverses, mais seulement, peut-être, à des armées d'aile (1).

Mais il est un fait qui, aujourd'hui, doit dominer toutes les discussions sur la neutralité belge. C'est que le plus ancien et le plus ferme allié de la Prusse, l'Angleterre, a changé de parti.

Pour mesurer les conséquences de cet événement, jetons un regard dans le passé.

La Belgique a toujours été une excellente base d'opérations contre la France.

Conquise par Dumouriez (1790), annexée à la

1. Une armée qui voudrait envahir la Belgique sans passer par le territoire hollandais ne trouverait qu'une seule voie ferrée que ne commanderaient pas Namur, Liège ou Huy. C'est la ligne Aix-la-Chapelle—Verviers—Pepinster—Libramont—Virton—Montmédy.

Les Allemands seront donc fortement tentés de traverser la pointe méridionale du Limbourg hollandais, qui mettrait à leur disposition deux autres lignes :

1° Ruremonde—Hasselt—Saint-Trond—Gembloux—Charleroi ;

2° Aix-la-Chapelle—Maestricht—Hasselt (point de réunion avec la précédente).

France avec les Pays-Bas (1795), les traités de 1815 la réunirent à la Hollande et au grand-duché de Luxembourg, pour ne former, avec ceux-ci, qu'un seul royaume.

Placé entre la France et l'Angleterre, plus rapproché de Paris que tous les autres pays limitrophes, le nouveau royaume des Pays-Bas, dans la pensée des plénipotentiaires de la Sainte-Alliance, devait servir de zone de rassemblement aux armées prussiennes et anglaises. Aussi avait-il été fait assez fort pour contenir les Français jusqu'à ce que ce rassemblement fût terminé. On le dotait, en outre, de tout un système de places fortes construites aux frais de la France et dirigées contre celle-ci. Dès que le *casus fœderis* serait déclaré, des garnisons prussiennes devaient occuper les places de la Meuse (moins Liège), des garnisons anglaises les places maritimes et celles de l'Escaut (moins Anvers et Tournai).

« Nous avons vu, dans l'union des Pays-Bas, un moyen de renforcer l'équilibre de l'Europe. C'est un royaume puissant par toutes les ressources du sol, du commerce et de la navigation. Il faut que l'art et la nature se réunissent pour le mettre en mesure de résister aux attaques qui pourraient être faites contre lui par les Français, au moins jusqu'à ce que les autres puissances aient pu venir à son secours [1]. »

---

1. Lord Castlereagh, discours à la Chambre des communes, séance du 25 mars 1815.

Que les temps sont changés !

Quand lord Castlereagh prononçait ces paroles, la France était pour Albion l'ennemi qu'il faut abattre à tout prix.

Aujourd'hui, c'est l'Allemagne qui a pris notre place dans l'inimitié britannique. Car c'est l'Allemagne qui, à son tour, menace la suprématie commerciale et industrielle de la Grande-Bretagne.

Ce n'est plus contre nous, c'est contre ses alliés de 1815 que l'Angleterre s'apprête à défendre la Belgique.

Et demain, le monde verra peut-être les troupes anglaises et françaises rassemblées sur le territoire belge, unies contre les troupes prussiennes.

Ce sera la situation de Waterloo retournée.

Valeur du littoral hollando-belge

Jusqu'ici, la plupart de nos écrivains militaires étaient assez disposés à rejeter l'hypothèse de la violation du territoire belge au début d'une guerre entre la France et l'Allemagne ; mais ils admettaient que, si cette guerre se prolongeait, l'énorme supériorité matérielle et morale du vainqueur l'engagerait peut-être, s'il y trouvait un réel intérêt, à réclamer des Belges la libre disposition de leur réseau ferré — pour amener, par exemple, du matériel de siège devant Paris, si les chemins de fer français étaient interceptés ou hors de service.

Or, dans l'hypothèse de l'heure présente, celle

d'une guerre où la France sera soutenue par toutes les forces de l'Angleterre, l'intérêt évident de l'agresseur est de pénétrer en Belgique, et même en Hollande, dès la première heure, *pour se rendre maître des bouches de l'Escaut.*

Voilà ce qu'il faut bien voir et bien comprendre.

L'embouchure de l'Escaut est en face de l'embouchure de la Tamise. Et le mot fameux de Napoléon est toujours vrai : « Anvers est un pistolet chargé, braqué sur le cœur de l'Angleterre. »

L'intérêt des Allemands à s'y loger saute donc aux yeux, comme celui des Anglais à les prévenir.

Reste à savoir qui des deux arrivera bon premier.

L'avantage du point de départ est certainement du côté des Anglais qui, de Margate à Flessingue, par exemple, n'ont que 86 milles de mer libre à franchir.

Si donc les choses devaient se passer normalement, suivant toutes les règles du droit international, les Anglais seraient sur l'Escaut bien avant les Prussiens qui, eux, auraient à forcer à la fois les frontières de la Belgique et celles de la Hollande.

Mais si la guerre éclate sans déclaration préalable, par un coup de surprise tel que celui qui marqua le début de la guerre russo-japonaise, les soldats et surtout les marins de Guillaume II peuvent arriver bons premiers.

De Borkum à l'Escaut, il n'y a guère qu'une nuit de navigation pour la très belle et très redoutable flottille des torpilleurs de haute mer allemands.

Une fois dans le delta, cette flottille n'en sera pas délogée facilement et elle y trouvera une magnifique base d'opérations contre les eaux anglaises.

Mais, ici, l'attitude des gouvernements de Belgique et de Hollande peut exercer une influence décisive. Il y a tout lieu de croire qu'il est dans leur intention de s'opposer à la pénétration allemande. Toutefois, en cas d'attaque brusquée, la surprise et le désarroi seraient naturels, et l'on ne saurait exiger des neutres qu'ils soient absolument prêts à repousser l'envahisseur, surtout si cet envahisseur n'est autre que l'armée prussienne. L'énorme disproportion des forces sera ici une très valable excuse.

Si, contre toute vraisemblance, rien ne vient mettre obstacle à la marche des troupes allemandes, celles-ci arriveront vite [1] jusqu'à cette partie du littoral de la mer du Nord qui s'étend depuis les bouches de l'Ems jusqu'à la frontière française. Le kaiser disposera alors, pour ses forces navales, de tous les ports hollandais et belges, et notamment de l'arsenal du Helder où, depuis longtemps, la marine allemande se considère comme chez elle.

---

1. N'oublions pas que beaucoup de bons esprits considèrent la Russie comme hors de cause pour longtemps et que, par conséquent, les Allemands disposeront, pour l'offensive vers le Nord, d'une partie des forces que le plan primitif destinait à la frontière polonaise.

Ces éventualités redoutables expliquent et justifient la terrible lutte d'influences, actuellement engagée à Bruxelles et à La Haye, entre les diplomaties allemande et anglaise.

II — SUISSE ET ITALIE

Comme bien on pense, les états-majors de la Triplice ont étudié un plan d'opérations communes contre la France.

Autant qu'il est possible de le savoir, l'idée première fut d'opérer la jonction des armées alliées sur le territoire suisse.

Pour faciliter le débouché des Italiens et paralyser la défense, les Allemands auraient fait irruption en même temps, de façon à prendre les Suisses entre deux feux. « L'état-major allemand trouvait ainsi le moyen d'engager à fond, dès le début des opérations, un allié qu'il pouvait à bon droit suspecter de se préoccuper plutôt de ses intérêts personnels que de ceux de la triplice. »

A ce sujet, on a discuté longuement les avantages respectifs que présentaient le grand Saint-Bernard, le Simplon, le Saint-Gothard, jusqu'au Splügen, pour le passage des colonnes italiennes appelées à opérer en Suisse, pendant que le reste de l'armée aurait été laissé sur les Alpes maritimes.

Mais les alliés ne tardèrent pas à s'apercevoir que le premier résultat de ce plan mirifique serait de se mettre sur les bras une armée suisse de 200000 hommes, appuyée sur des obstacles naturels vraiment formidables.

On se rabattit alors sur une conception stratégique suivant laquelle une partie de l'armée italienne, passant par le Brenner et empruntant les chemins de fer autrichiens et allemands, serait transportée au sud de l'Alsace par l'Arlberg.

Assurément, ce nouveau plan est de la convenance de l'état-major allemand, « qui s'assurerait ainsi le concours de forces importantes à son extrême gauche, en même temps qu'il aurait *les otages* d'une alliance soumise à bien des *aléas* ».

Reste à savoir si le gouvernement autrichien serait disposé à admettre le passage des colonnes italiennes à travers un territoire déjà travaillé par les menées irrédentistes...

Dans l'hypothèse où le gouvernement de Vienne reculerait devant cette éventualité, les écrivains militaires d'outre-Rhin ont proposé d'exécuter le mouvement inverse. Ce sont les corps allemands qui emprunteraient la voie du Brenner. Une fois en Italie, ces corps descendraient par le mont Cenis, le mont Genèvre ou d'autres cols de la région Cottienne et tomberaient directement sur Lyon. De là ils remonteraient la vallée de la Saône pour donner la main à l'armée qui aurait pris Paris pour objectif.

Quoi qu'il en soit, les combinaisons actuelles de l'échiquier européen permettent de croire que l'Italie refusera d'admettre le *casus fœderis,* si l'Allemagne attaque la France[1] sous un prétexte plus ou moins marocain.

C'est une des raisons qui doivent nous engager à ne provoquer personne et à garder tout notre sang-froid.

L'Italie ne marchant pas, l'état-major allemand sera sans doute amené à remplacer, sur son aile gauche, les troupes italiennes par les troupes autrichiennes.

L'Autriche, destinée primitivement à contenir la Russie, voit cette tâche bien allégée par l'état révolutionnaire où se débat l'empire des tsars. Il sera donc plus facile de l'entraîner sur le Rhin. A moins que, de ce côté encore, la situation intérieure, très troublée, ne pèse d'un grand poids dans les résolutions du gouvernement de Vienne et ne l'engage à se garer des aventures militaires.

D'ailleurs, en dépit des traités de la triplice, l'antagonisme de l'Autriche et de l'Italie apparaît plus vivace que jamais. Il ne faut tenter personne. Et l'Italie, d'abord neutre, pourrait bien se laisser entraîner à saisir toute bonne occasion qui s'offrirait de rectifier sa frontière adriatique et d'améliorer ses positions en Albanie. Ce n'est pas par l'effet d'un pur hasard que le roi d'Italie a épousé la noble et

1. Surtout contre la France soutenue par l'Angleterre. L'Italie, toute en côtes, a besoin de l'alliance de la première puissance maritime du monde.

gracieuse fille du prince régnant de Monténégro. On ne l'ignore pas à Vienne.

III — L'ESPAGNE ET LA TRIPLICE MÉDITERRANÉENNE

« L'Espagne doit chercher à maintenir une étroite et cordiale entente avec les nations les plus rapprochées d'elle sous tous les rapports, dont l'amitié peut lui offrir les plus grands avantages et dont l'inimitié peut lui causer les plus grands dommages. C'est le cas de la France et de l'Angleterre, heureusement pour nous, unies aujourd'hui.

« Par contre, les autres nations sont trop loin pour nous secourir en cas de danger, puisque, sur terre, la France et, sur mer, l'Angleterre nous séparent d'elles [1]. »

C'est l'évidence.

De son côté, la France a un sérieux intérêt à rester en bons termes avec sa voisine, qu'il s'agisse soit d'une guerre avec l'Angleterre, soit d'une guerre avec l'Allemagne.

Dans la première hypothèse, l'Espagne ne pourra pas rester neutre, parce que la France et l'Angleterre ont un égal besoin de certaines positions espagnoles, par exemple, des îles Baléares, qui menacent notre littoral et commandent la route de Marseille à

1. Journal *La Epoca*, de Madrid, numéro du 12 janvier 1906.

Alger. Français et Anglais se disputeront donc ces positions, et les Espagnols seront amenés fatalement à prendre parti, car ils ne sont pas assez forts pour imposer le respect de leur neutralité.

En cas de guerre avec l'Allemagne, la neutralité bienveillante de l'Espagne nous serait précieuse (surtout si la guerre se prolongeait) au point de vue de la facilité des ravitaillements par le territoire de la péninsule ibérique.

Pour cette raison, les Allemands ont toujours souhaité nous aliéner les Espagnols et ils y ont travaillé de leur mieux.

C'est un écrivain militaire d'outre-Rhin qui a écrit les lignes suivantes :

« Pourquoi les Espagnols ne seraient-ils pas nos alliés sincères? C'est un peu pour eux que nous avons fait la guerre de 1870, *et nous avons alors été fort surpris de ne point les voir combattre à nos côtés.* S'ils avaient accepté franchement la candidature du prince de Hohenzollern, quel réveil pour ce peuple depuis si longtemps endormi ! Le choix d'un prince allemand eût été pour lui une garantie de régénération. *Nous sommes convaincus qu'il reconnaîtra son erreur et qu'il recherchera, tôt ou tard, notre alliance.*

« Or, nous distinguons, à partir de la frontière des Pyrénées, deux lignes de pénétration en France : l'une par les Pyrénées orientales; l'autre, par les basses Pyrénées. La première, dont Perpignan serait le premier objectif, servirait à un écoulement de colonnes alliées se dirigeant sur Lyon, pour y opérer leur jonction avec des forces italiennes ou allemandes; elle pourrait être aussi pratiquée par une armée visant Toulouse. Le tracé de la seconde passe par Bayonne. De là, une armée venant d'Espagne pourrait se porter soit sur Paris par Bordeaux, soit sur Toulouse, à l'effet d'y donner la main à l'autre armée venue aussi d'Espagne, à l'autre bout de la chaîne, c'est-à-dire par les Pyrénées orientales. »

Prenant ses désirs pour des réalités, supposant que les Pyrénées aussi bien que les Alpes laisseront passer l'invasion, l'écrivain allemand conclut ainsi :

« En somme, nous disposons, à nous seuls, de trois grandes lignes; et avec la coopération de nos alliés probables, de sept lignes d'opération. Cela étant, la France sera prise *d'équerre,* à la fois par l'Est et par le Midi.

« Comment sortirait-elle de là? Que deviendrait-elle dans cette tenaille [1]? »

Ce n'est pas un mystère que la diplomatie allemande vient de faire un énorme effort pour supplanter l'influence britannique à la cour de Madrid. Elle s'est heurtée à des positions anciennement prises et toujours maintenues, qu'il lui a été impossible d'emporter.

Il existe, en effet, une triplice maritime, ou médi-

---

1. *La France sous les armes,* par le baron BLANCHARD DE MEISENDORF. (Traduction du lieutenant-colonel HENNEBERT.)

terranéenne, dont on peut dire qu'elle est infiniment plus consistante que la triplice continentale. Elle se compose de l'Angleterre, de l'Italie et de l'Espagne.

A l'origine, dans la pensée de ses fondateurs, elle devait garantir le *statu quo* méditerranéen contre la France. Les accords spéciaux conclus, par notre diplomatie, tant avec l'Angleterre qu'avec l'Espagne et l'Italie, ont heureusement modifié cet objectif. Et, à l'heure actuelle, nous sommes assurés que ces trois puissances se joindraient à nous pour interdire aux Allemands l'accès du littoral marocain, non seulement dans la partie méditerranéenne, mais encore dans la partie atlantique.

N'oublions pas non plus que le littoral atlantique du Maroc fait face à la côte d'Amérique et que, pour cette raison, les États-Unis sont eux-mêmes intéressés à mettre obstacle aux empiétements de l'Allemagne.

CHAPITRE VI

LES FRONTIÈRES MARITIMES ET LE PROBLÈME NAVAL

L'autorité du conseil défensif de la France ne s'exercera pas avec moins de fruit dans les affaires maritimes et, spécialement, au point de vue du choix d'un programme naval.

Non pas que le conseil puisse être appelé à se prononcer sur des plans de campagne ou sur les types de nos bâtiments de combat. Non; nous n'attendons de lui que des idées, que des principes généraux, des *directives,* en un mot.

Nous lui demanderons, en premier lieu, de définir la politique maritime de la France.

Rien n'est plus urgent.

Car la France n'a pas de politique maritime.

Faute de cette base essentielle, tous nos programmes sont frappés de stérilité et d'impuissance.

« Considérée dans son ensemble et si redoutable soit-elle par la valeur et le dévouement de ses chefs et de ses équipages, la marine française ne donne pas l'impression d'une force créée dans un but déterminé avec précision et poursuivi avec persévérance.

« Par sa composition, elle ne révèle ni la netteté de vues ni les préoccupations politiques qui devraient constamment présider à la formation d'une grande armée navale comme celle de la France [1] ... »

C'est en 1897 que l'honorable M. de Kerjégu écrivait ces lignes. Un an plus tard, la crise de Fachoda faisait éclater aux yeux des pires aveugles l'insuffisance d'une marine sur laquelle la politique extérieure de l'État n'a exercé aucune influence.

A ceux qui seraient tentés d'objecter que la politique est chose essentiellement variable, nous répondrons :

Oui, sans doute. Mais à travers les combinaisons politiques, aussi variées qu'on les suppose, un certain nombre de principes généraux et d'intérêts permanents subsistent, que nul ne saurait méconnaître, car ils dominent notre action extérieure de toute la force des vérités qu'ils expriment.

Au premier rang de ces vérités fondamentales, il faut placer celle-ci : le rôle de la marine française est de tenir en respect l'ennemi flottant *maximum*.

Si la France a une marine militaire, ce ne peut être que pour assurer l'inviolabilité de ses frontières maritimes *contre l'ennemi le plus proche et le plus fort sur mer*, c'est-à-dire *le plus dangereux*.

Comprendrait-on que l'action de notre armée de

---

1. Rapport sur le budget de la marine, exercice 1898, par M. J. DE KERJÉGU, député.

terre fût disposée, non contre l'Allemagne, ennemi maximum, mais contre l'Autriche et l'Italie, ennemis secondaires ?

Évidemment non.

C'est pourtant ce qu'on nous propose de faire sur mer.

Nous ne nous lasserons pas d'appeler l'attention de nos concitoyens et du Parlement sur les dangers d'une telle politique.

Bien avant Fachoda, nous écrivions ces lignes auxquelles nous n'avons rien à changer :

« La France, telle que l'a laissée la dernière guerre, la France *mutilée*, a besoin d'être sûre de la neutralité anglaise :

« 1° Afin de poursuivre en paix son œuvre d'expansion coloniale, œuvre de longue haleine s'il en fut ;

« 2° Pour reconquérir les deux provinces qui lui ont été arrachées par la plus atroce violence.

« La France, après 1870, aurait pu renoncer à l'expansion coloniale, pour s'en tenir à la mise en valeur de l'Algérie. Cette opinion est très soutenable.

« La France n'a pas pu, elle ne peut absolument pas et sous aucun prétexte, renoncer à rentrer en possession de l'Alsace et de la Lorraine.

« C'est pourquoi il nous faut une marine redoutable à l'Angleterre.

« La France de la Révolution et de Napoléon Ier

que grâce au constant appui — appui militaire, maritime et *financier* — que les alliés de la coalition continentale ont trouvé de l'autre côté du détroit. Ce fut l'impuissance de notre marine qui nous perdit alors. Il n'y aurait pas eu de Waterloo s'il n'y avait pas eu de Trafalgar. Pas de Blücher sans un Nelson(¹). »

Tout autre objectif ne peut nous conduire qu'aux plus amères déceptions.

Même si nous envisageons la situation actuelle et l'hypothèse la plus favorable, il est manifeste que la première condition du maintien de l'entente cordiale, *per fas et nefas*, réside dans une marine capable d'imposer à nos amis, en toutes circonstances, le respect de nos droits et de nos intérêts légitimes.

L'empire britannique n'est vulnérable que par la mer. D'où il suit que la marine peut *seule* nous donner cette garantie — combien nécessaire ! — que l'accord franco-anglais ne sera jamais pour la France un marché de dupe.

Si donc nos forces navales sont hors d'état de remplir ce rôle essentiel, elles ne justifient même plus leur raison d'être, et mieux vaut alors en faire l'économie.

Car, pour la France contre l'Allemagne, une marine militaire, et surtout une marine cuirassée, ne sert à peu près à rien.

C'est-à-dire que dans le cas d'une guerre franco-allemande et au point de vue du résultat final, tous les chocs de cuirassés dont la mer du Nord pourra être le théâtre auront à peu près autant d'effet que s'ils avaient lieu au Kamtchatka...

Si nous sommes battus en Lorraine, toutes les victoires navales du monde ne retarderont pas d'une heure notre écrasement.

Et réciproquement : toutes nos défaites maritimes ne sauveront pas les Prussiens, si nous sommes vainqueurs sur les hauts de Meuse et de la Moselle.

Ce n'est pas sur l'eau que se jouera demain le sort de la France, c'est en vue du Ballon d'Alsace.

Comment une vérité aussi éclatante, aussi essentielle a-t-elle pu être obscurcie ?

Par suite de quel trouble des esprits en est-on venu à demander, au contribuable, des sacrifices dont on ne sait ce qui doit le plus nous frapper, de leur inutilité ou de leur énormité ?

Car, enfin, la nouvelle escadre cuirassée qu'il s'agit de mettre en chantier demain, dont chaque unité coûtera au bas mot 48 millions, *et qui ne sera entièrement prête à entrer en ligne que dans six ou sept années,* cette nouvelle escadre aura un double caractère :

Elle sera, comme ses devancières, *impuissante* contre l'Angleterre, *inutile* contre l'Allemagne.

*
* *

Son impuissance contre l'Angleterre, personne, assurément, ne la contestera.

Il est trop clair, en effet, que pour lutter contre la marine britannique, suivant la méthode britannique, c'est-à-dire à coups de cuirassés et par le moyen de la guerre d'escadres, il est trop clair que, dans ce cas, ce n'est pas six cuirassés, ni même la douzaine qui nous permettront de triompher. Pour rattraper l'avance acquise par nos rivaux maritimes, il nous faudrait construire une trentaine de mastodontes et dépenser plus de deux milliards.

Nous serions alors à peu près à égalité, pourvu, toutefois, que les chantiers anglais aient cessé de construire pendant tout le temps que nous aurons mis à achever nos trente bateaux.

Telles sont les invraisemblances et les impossibilités auxquelles on se heurte, dès que l'on envisage l'hypothèse de la lutte par le moyen de la méthode sur laquelle l'Angleterre fonde sa suprématie.

Nous nous en rendons parfaitement compte, d'ailleurs. Mais, au lieu de chercher autre chose et d'en appeler au génie particulier de notre race, au lieu de faire en sorte d'ôter à l'adversaire principal le choix des armes et les bénéfices de l'avance acquise, nous préférons nous incliner devant le fait accompli et ne plus songer qu'aux adversaires secondaires. C'est la politique de l'autruche.

A l'étranger, personne ne s'y trompe.

de la presse anglaise, analysant et commentant les débats relatifs au budget de la marine française pour l'exercice 1903, accordait à nos législateurs un témoignage de sa vive satisfaction et qualifiait leur vote de *remarquable*.

« La France, disait-il, possède de longues et glorieuses traditions navales. L'industrie et l'épargne de son peuple, qui, nonobstant une lourde dette publique, lui permettent encore de prêter de l'argent à ses alliés de Russie, lui permettront également de dépenser sans compter pour maintenir sa situation maritime, comme le vote en question affirme qu'elle croit devoir le faire. »

Et le *Times* ajoutait :

« *L'immense importance* de ce vote réside en ceci que, pour la première fois presque dans son histoire, la France cherche dans une direction toute nouvelle le critérium des forces navales nécessaires à sa sécurité. *Au lieu de regarder vers l'Angleterre, elle regarde vers l'Allemagne. Au lieu de fixer les yeux sur le Rhin, elle commence à les fixer vers l'embouchure de l'Elbe et l'entrée du canal de la Baltique* (¹). »

Qu'il nous soit au moins permis de nous demander si nos législateurs ont bien réellement mérité le *satisfecit* que leur décerne le grand journal anglais.

Combien parmi eux, sénateurs ou députés, en votant le dernier budget de la marine, ont eu l'intuition d'accomplir l'acte dont le *Times* proclame « l'immense importance » ?

Pas beaucoup, assurément.

Peut-être pas un seul !

Cependant, il n'est que trop certain que le programme actuel laisse de côté l'Angleterre. Le projet de l'honorable M. de Lanessan, par exemple, n'envisage la lutte maritime que contre l'Allemagne. Son auteur s'en est expliqué, fort clairement du reste, dans différents articles du *Matin*. Écoutons-le :

« Nos escadres sont, en ce moment même, à peine équivalentes à celles de l'Allemagne, dont tous les navires sont modernes. Il est à craindre qu'à la fin de 1907, elles ne leur soient notablement inférieures, car, en raison des retards apportés dans l'exécution du programme de 1900, notre escadre cuirassée du type *Patrie* ne sera probablement pas encore en service. Dans ce cas, nous ne disposerions, comme aujourd'hui, que de vingt-deux cuirassés et l'Allemagne en aurait un nombre égal et formant un ensemble de valeur supérieure(¹). »

Ouvrons, maintenant, le document parlementaire le plus récent, le rapport sur le budget de la marine pour l'exercice courant.

L'honorable rapporteur voit grand. Il taille en plein drap et ne regarde pas à la dépense. Il lui faut des navires énormes, les plus énormes et les plus chers qu'on puisse inventer! Il lui faut d'épais blindages, des tourelles cuirassées, des canons monstres, des machines et des chaudières de 45 000 chevaux!

Et tout cela pour faire la guerre à l'Allemagne! Impossible de s'y tromper.

Avec M. de Lanessan, l'honorable M. Charles Bos ne songe qu'à opposer cuirassés français à cuirassés allemands, en vue de cette fameuse « maîtrise de la mer » par les batailles de mastodontes!...

La maîtrise de la mer! Grand mot, dont on a dit cent fois la sonorité creuse...

Nous l'avions, en 1870-1871, cette maîtrise! Mais, en présence du néant des résultats obtenus par nos escadres de la Baltique et de la mer du Nord, le gouvernement se hâtait de signer l'ordre de désarmer les vaisseaux. Et alors, sous les murs de Paris, comme aux champs de la Loire, les marins rendirent à la défense nationale les services les plus signalés...

On nous dit : « Mais la marine allemande n'existait pas en 1870, tandis qu'aujourd'hui... »

Tandis qu'aujourd'hui, elle existe. C'est entendu. Mais, aujourd'hui comme il y a trente-cinq ans, la partie décisive se jouera sur les Vosges, et exclusivement sur les Vosges.

C'est là qu'il faut être prêt, parce que c'est là qu'il faudra vaincre ou mourir.

C'est donc là, et non sur mer, que nous devons

porter notre effort maximum et consentir tous les sacrifices nécessaires.

Nul n'ignore que, dans l'Est, un certain nombre de travaux utiles, et dont le plan avait reçu l'approbation du conseil supérieur de la guerre, ont été suspendus, uniquement par une sorte de lassitude budgétaire. Et pourtant, sur cette frontière, nous sommes en face d'un intérêt capital. Question de vie ou de mort, tout simplement.

La question de Nancy, par exemple.

« Nancy fortifié nous permettrait de choisir à notre gré la défensive ou l'offensive comme procédé de couverture. Ici l'offensive s'impose à nous comme aux Allemands. En rase campagne, on ne peut couvrir un réseau ferré qu'en attaquant l'adversaire.

« *A ceux qui soulèveraient la question de dépense, nous répondrons que 30 millions consacrés à fortifier Nancy stériliseraient peut-être tous les sacrifices consentis par les Allemands pour pousser leurs débarquements jusqu'à l'extrême frontière ; sacrifices qui se chiffrent par centaines de millions* (1). »

Voilà bien, vraiment, la seule façon d'envisager le problème.

Ce qu'il faut rechercher, ce qu'il faut voir, c'est le résultat de la dépense : le résultat militaire, pratique, sur tous les organes de résistance et d'attaque, sur la peau et les os de l'ennemi.

---

1. Capitaine [illegible], *Études militaires*

Eh bien, nous le demandons à M. de Lanessan lui-même :

Est-ce que, dans la guerre de demain, le travail utile d'un cuirassé, aussi colossal que vous voudrez bien le supposer, sera en rapport normal avec les dépenses de sa construction et de son entretien ?

En un mot, le résultat militaire sera-t-il proportionné à l'effort financier ?

Poser la question c'est la résoudre. Écoutez, là-dessus, l'amiral Réveillère :

« Notre premier devoir — ce devrait être notre idée fixe — doit être de régler notre compte avec l'Allemagne *pacifiquement*, s'il se peut. Nous n'avons pas de plus grand désir. Mais, sous peine d'être le dernier des peuples, nous devons envisager avec courage la dure nécessité d'un règlement par les armes.

« *De toutes façons, nous ne devons jamais oublier que le devoir et le péril sont à l'Est* [1]. »

C'est l'idée que M. le capitaine Moch a traduite en termes plus explicites encore, quand il a dit :

« L'admirable situation géographique de notre patrie et l'esprit d'entreprise dont ses enfants ont déjà donné tant de preuves la prédestinent en réalité au plus beau rôle maritime et colonial. Mais, tant que l'Europe ne connaîtra pas la paix — car la guerre à coups de canon ou à coups de milliards, c'est tout

---

1. Contre-amiral Réveillère, dans la *Marine française*, numéro du 10 décembre 1894.

un, au point de vue de la civilisation — tant que durera l'actuelle incertitude du lendemain, la France est condamnée à conserver à sa puissance militaire un caractère essentiellement continental, à ne considérer sa marine que comme une pierre d'attente, comme le rudiment de son développement futur.

« Une fois son compte réglé avec l'Allemagne, par la guerre ou à l'amiable, elle sera rendue à sa véritable mission, toute pacifique ; par la force des choses, son armée se réduira au minimum, et sa marine deviendra prépondérante. »

Dans tous les cas, et en admettant même qu'un programme naval français ne puisse pas avoir l'Angleterre pour objectif premier, ce n'est pas à une flotte de cuirassés à grand tirant d'eau que nous devons avoir recours contre l'Allemagne. Les diversions que nous avons tentées, en 1870, tant dans la mer du Nord que dans la Baltique, ont échoué lamentablement, à cause du tirant d'eau déjà excessif des petits cuirassés d'alors. Que serait-ce avec les mastodontes qu'il s'agit de mettre en chantier aujourd'hui?

Tous les officiers et les historiens qui ont étudié le côté maritime de la guerre de 1870-1871 sont d'accord là-dessus [1].

1. « Si l'escadre envoyée dans la Baltique, sous les ordres de l'illustre amiral Bouët-Willaumez, n'a pas répondu à tout ce qu'on pouvait attendre d'elle, c'est que cette escadre, com-

Si donc nous voulons être en état d'opérer une diversion utile sur la côte allemande, c'est vers la flottille à faible tirant d'eau que la marine française doit s'orienter.

C'est le conseil que nous donnait déjà Jurien de de la Gravière, voici quelque vingt-cinq ans, quand il disait :

« Il faut, de tout notre pouvoir, poursuivre parallèlement deux fins particulières : 1° accroître le rayon d'action et d'efficacité militaire de la flottille; 2° diminuer le tirant d'eau de la flotte. »

Enfin, n'oublions jamais que les intérêts vitaux de la France ne sont pas sur l'eau, mais à ses frontières de terre, et que c'est sur terre que se dénoueront les luttes impliquant l'existence même de la patrie.

D'où cette conséquence que la part de la marine dans les crédits de guerre doit être mesurée avec la plus extrême réserve. Et d'où l'impérieuse nécessité de ne faire de cette part qu'un emploi intégralement profitable à l'accroissement réel de notre puissance navale.

---

ne pouvait approcher des côtes et se trouvait ainsi paralysée. » (Amiral La Roncière, discours à l'Assemblée nationale, séance du 27 mars 1872.)

CHAPITRE VII

ÉVOLUTION
DE LA POLITIQUE MILITAIRE ET MARITIME
DE L'ALLEMAGNE

IMPUISSANCE DES ESCADRES

Impuissante contre l'Angleterre, l'escadre *réduite* que d'inéluctables nécessités financières nous imposent sera impuissante et inutile contre l'Allemagne. Nous croyons l'avoir démontré, plus haut, par des arguments de sens commun. Qu'on nous permette d'y insister.

Prenons l'hypothèse la plus favorable pour nous, la plus défavorable pour nos ennemis.

Supposons les escadres de France et d'Angleterre *alliées*, opérant de concert dans la mer du Nord et la Baltique. Soit une masse de cent cuirassés et croiseurs cuirassés.

Vous pensez : voilà une force irrésistible; tous ses coups seront mortels.

Eh bien, non, cent fois non. Cette force est illude s'exercer utilement lui feront défaut, à moins de supposer, contre toute vraisemblance, que les seize cuirassés de l'Allemagne iront d'eux-mêmes se jeter dans la gueule du loup [1].

L'hypothèse d'un pareil suicide étant inadmissible, les Allemands, gens pratiques, garderont leurs cuirassés dans les ports, bien résolus à ne pas les exposer au feu des cuirassés adverses, cinq fois plus nombreux.

Il n'y a, en effet, pas d'autre moyen d'éviter à coup sûr un combat disproportionné, dont l'issue ne pourrait être que fatale. A la mer, la défensive est une sottise. Une fois les armées navales en présence

---

1. Voici la composition des deux escadres allemandes pour 1906. Le nom de chaque bâtiment est suivi de la date de son lancement.

1re ESCADRE : 7 cuirassés : *Wittelsbach* (1900), *Zæhringen* (1901), *Wettin* (1901), *Meklenburg* (1901), *Kaiser-Karl-der-Grosse* (1899), *Kaiser-Wilhelm-der-Grosse* (1899), *Kaiser-Friedrich III* (1896).

1 croiseur cuirassé : *Friedrich-Karl* (1902).

3 croiseurs protégés : *Frauenlob* (1902), *Arcona* (1902), *Hamburg* (1903).

1 petit croiseur : *Blitz* (1882).

10 contre-torpilleurs.

2e ESCADRE : 8 cuirassés : *Preussen* (1903), *Hessen* (1903), *Elsass* (1903), *Weissenburg* (1891), *Brandenburg* (1891), *Wœrth* (1892), *Braunschweig* (1902), *Kurfürst-Friedrich-Wilhelm* (1891).

1 croiseur cuirassé : *Prinz-Heinrich* (1900).

3 croiseurs protégés : *Ariadne* (1900), *Berlin* (1903), *Medusa* (1900).

1 petit croiseur : *Pfeil* (1882).

10 contre-torpilleurs.

et le contact établi, il n'y a plus qu'à livrer bataille. « La flotte qui se tient sur la défensive, disait Tourville, sera tôt ou tard contrainte au combat ; il ne faut pas l'exposer à combattre sans élan, sans confiance, avec une infériorité morale trop marquée, l'adversaire qui la presse et qui la provoque. *Rester dans ses ports serait, dans ce cas, infiniment plus sage.* »

Ainsi en ont jugé les Russes pendant la guerre de Crimée, et l'amiral Jurien de la Gravière, citant leur exemple, exprime cette réflexion, sur laquelle on ne saurait trop méditer :

« Si, en abandonnant la haute mer à l'ennemi, les Russes se fussent trouvés en mesure de lui interdire l'approche des côtes, la suprématie navale devant laquelle leur flotte de haut bord se retirait aurait eu bien peu d'influence sur le résultat final de la guerre. »

L'importance de plus en plus grande des flottilles est tout à l'avantage des défenseurs de la côte.

« Sans doute, il sera possible d'opposer aux flottilles d'autres flottilles plus nombreuses et plus redoutables ; mais ce ne sera jamais sans quelque inquiétude que l'on conduira ces galères modernes (les cuirassés) dans des parages où l'ennemi seul aura sur ses derrières des ports de refuge. »

Voudra-t-on associer, pour agir sur la côte, des vaisseaux cuirassés et des torpilleurs, comme autrefois des *naves* et des galères ?

« Les cuirassés appréhenderont à chaque instant que le fond ne leur manque; les torpilleurs seront peut-être trop portés à se faire un rempart des cuirassés. Une force homogène et agile réunira généralement des conditions de combat meilleures que cet assemblage hétéroclite de gros et de petits navires, où la différence des tempéraments constitue de tout point ce que j'appellerai une union mal assortie.

« La combinaison demeure encore possible dans les mers profondes, sur les côtes où le rivage a de vives arêtes et ne recèle pas de surprises : *ne vous y fiez point dans le bassin qui a vu détruire la grande Armada* [1]. »

Que s'est-il passé, en 1870, pendant la guerre franco-allemande?

Nos escadres cuirassées, d'autant plus maîtresses de la mer que personne ne la leur disputait, et commandées par des officiers généraux de la valeur des Gueydon et des Bouët-Willaumez, durent avouer leur complète impuissance. Après avoir tâté la côte en ses points les plus vulnérables et tenu, pendant des semaines, une croisière que le mauvais temps rendit extrêmement pénible, elles rentrèrent à Cherbourg sans avoir tiré un coup de canon.

Et pourtant, le littoral n'était alors défendu que par quelques batteries et des lignes de torpilles de

1. Vice-amiral Jurien de la Gravière, *Doria et Barberousse.*

fond. Pas de défense mobile : la torpille automobile et le torpilleur n'existaient pas.

Il n'en serait plus de même aujourd'hui.

Si, de par sa nature, la côte allemande est toujours inhospitalière aux flottes à grand tirant d'eau, les fortifications et les défenses sous-marines ont été portées à un rare degré de perfection. De plus, et en attendant qu'elle ait des sous-marins, la marine allemande met en ligne une flottille de torpilleurs de haute mer dont on assure qu'elle est la mieux entraînée des flottilles européennes.

Dans ces conditions, il n'est plus suffisant de dire que le littoral germanique n'a rien à redouter des escadres de haut bord; il faut ajouter que, désormais, les plus forts cuirassés devront fuir comme la peste une côte ainsi défendue, car ils auraient tôt fait d'y trouver leur tombeau.

Supposons la guerre ouverte.

Si les seize cuirassés allemands ne vont pas s'offrir bénévolement à leurs coups, les plus fières escadres de la coalition franco-anglaise seront réduites à n'exécuter que des promenades hygiéniques autour de leurs points d'appui ; les occasions d'un travail militaire utile leur feront totalement défaut.

Seuls, les croiseurs et les flottilles *travailleront*.

Aux croiseurs, la poursuite des flottes commerciales de Brême et de Hambourg, avec, dans les mers lointaines, la tâche d'assurer la navigation et la descente des petits corps expéditionnaires qui auront la mission de rafler les colonies allemandes de la côte d'Afrique et des îles du Pacifique.

Aux flottilles, la dure corvée du blocus des ports et des côtes de la mer du Nord et de la Baltique. Éclaireurs, destroyers, torpilleurs et submersibles patrouilleront seuls dans les eaux germaniques.

LA GUERRE D'ESCADRES IMPOSE L'ALLIANCE FRANCO-ALLEMANDE

Si, contre l'Allemagne, l'action navale était susceptible de produire des résultats décisifs, l'actuelle supériorité de la marine britannique est si écrasante, que la question serait vidée d'avance à son avantage.

Mais l'Allemagne ne peut être atteinte et frappée à mort que sur terre.

« *Notre avenir est sur l'eau* », clamait imprudemment le kaiser, quand l'accord franco-anglais le fit retomber sur le plancher des vaches...

Quelle chute !

Il n'est pas contestable, en effet, que tout le plan naval de Guillaume II reposait sur la coopération de la marine française.

C'était l'idée fixe, l'idée de derrière la tête...

Idée juste d'ailleurs, en ce sens que, dans l'état présent des marines européennes, nos vainqueurs de

1870 ne sauraient se flatter d'abattre l'Angleterre sans le concours de nos flottes et de notre littoral.

Mais idée fausse, absurde même, en ce qu'elle supposait d'abord, chez la France, l'oubli de ses désastres et l'abandon définitif de l'Alsace et de la Lorraine.

A vrai dire, cette idée ne se présenta pas tout de suite à l'esprit de nos vainqueurs de 1870.

Quinze ans après la guerre, les Allemands étaient exclusivement préoccupés d'une revanche possible de notre part. Un de leurs meilleurs écrivains militaires écrivait, en 1885, les lignes suivantes :

« Après les événements de 1870-1871, nous avons essayé de nous réconcilier avec la France[1] ; nous nous sommes efforcés d'amener nos voisins à oublier ce qui s'est passé, mais la bonne harmonie n'est pas facile à rétablir.

« C'est que les deux nations sont toujours en procès à propos d'une question de délimitation de frontière, et ce procès historique n'est pas encore vidé. Il se passera donc encore un long temps avant que tous les ressentiments soient apaisés, que toutes les sources de querelles soient définitivement taries.

« Nous voulons bien croire aux dispositions pacifiques du gouvernement et d'une partie du peuple français; mais y a-t-il en France un journal qui ait

1. L'écrivain allemand, s'il avait été sincère, aurait pu ajouter : « Nous avons essayé aussi de lui tomber dessus pour [illegible]

osé dire ouvertement et sans ambages : « Nous re-« nonçons à l'Alsace-Lorraine ; nous ne ferons pas « la guerre pour reconquérir ces territoires ; nous « acceptons la situation qui nous a été faite par le « traité de Francfort, comme nous avons accepté « celle que nous avait faite, en 1815, le traité de « Paris ? » Y a-t-il un seul journal qui ait eu ce courage ? Non. Et pourquoi n'y en a-t-il pas ? Le courage ne manque cependant pas aux Français. Il n'y en a pas parce que, en France, l'opinion publique est hostile à cette idée ; parce que cette opinion est comme une machine à vapeur surchauffée qui, du fait d'une fausse manœuvre, peut faire soudainement explosion et amener la guerre.

« Et puis, d'un jour à l'autre, il peut se faire que le pouvoir tombe aux mains d'un gouvernement dont la politique soit de remuer ce feu qu'on laisse avec soin couver sous la cendre. Dans ce pays où, lors des moments difficiles, les résolutions sont toujours prises par des minorités énergiques et non par des majorités, il peut advenir que, pour avoir raison des grosses difficultés intérieures et raffermir sa situation chancelante, un nouveau gouvernement ait recours à la guerre comme à une soupape de sûreté (1). »

---

1. *Frankreich unter den Waffen* (*La France sous les armes*), par le baron Blanchard de Meisendorf, général-major. (Traduction du lieutenant-colonel Hennebert.)

Il n'est que juste de rappeler que les lignes qui précèdent ont été écrites à un moment où la France était encore secouée par le boulangisme. On croyait, en Allemagne, que le premier soin du général Boulanger, s'il arrivait au pouvoir, serait de tenter l'aventure de la revanche. Mais à partir de l'échec de cette tentative, le ton des écrivains militaires allemands se modifia du tout au tout à notre égard, et d'autant plus rapidement que le prodigieux essor économique de la Germanie multipliait les points de contact et les surfaces de friction avec l'Angleterre.

Alors, on regarda vers la mer beaucoup plus que dans la direction de l'ouest. La marine s'imposa à l'attention, chaque jour davantage, et la conviction se fit que la prochaine guerre serait non plus avec la France, mais avec l'Angleterre.

« *Dans les temps à venir, nous ne chercherons pas noise à la France,* parce que notre population s'accroît avec une trop grande rapidité. Si nous faisons la guerre, ce ne sera que parce que la France nous y contraindra. Ses colonies ont un climat un peu trop chaud pour nous autres Allemands ; l'Algérie elle-même n'a guère réussi aux Alsaciens ; le climat du Tonkin, de la Guyane est mortel pour les Français eux-mêmes. Or, il nous reste suffisamment de place en Allemagne pour les cimetières...

« Les gens qui mettent volontiers flamberge au vent, qui sont toujours prêts à vider par la guerre les différends internationaux, *pourraient plutôt être amenés à penser que les intérêts vitaux de la nation allemande, débordant hors de ses frontières, amèneront forcément, dans un avenir plus ou moins lointain, une guerre avec l'Angleterre, dont la politique coloniale est égoïste au plus haut point*[1]. »

De ce nouvel état d'esprit naquit, sous les auspices impériaux, la fameuse *Ligue maritime allemande*, dont tous les efforts tendent exclusivement à la préparation de la guerre contre l'Angleterre.

Mais il y a loin de la coupe aux lèvres, en marine surtout. « Qui dit marine dit temps, suite, volonté », a écrit M. Thiers.

Or, pour faire échec à l'Angleterre, le temps a manqué et, avec le temps, l'argent.

LE BLUFF DU PROGRAMME ALLEMAND

L'achèvement complet du programme allemand exigera un délai de seize années, ni plus ni moins. Son plein épanouissement est prévu pour 1917. Il donnera alors — dans onze ans — 38 cuirassés, 38 croiseurs ou éclaireurs et 38 contre-torpilleurs, soit 114 unités de combat au total.

Dans ces conditions, un simple coup d'œil jeté sur le *Navy List* d'outre-Manche démontre, péremp-

1. *Les Forces respectives de la France et de l'Allemagne*, par le lieutenant-colonel C. Kœtschau. (Traduction de M. Ernest Jaeglé, professeur à l'École spéciale militaire de Saint-Cyr.)

toirement, que la marine britannique n'a besoin d'aucun effort extraordinaire pour garder sa formidable avance acquise (1).

Quand, donc, l'amiral de Tirpitz déclare, au Reichstag, que le programme en cours « permettra à la marine allemande d'avoir en Europe plus de navires que l'Angleterre n'en a dans ses eaux métropolitaines », il *bluffe*, tout simplement.

En vérité, tout cela n'est pas sérieux, et le programme allemand apparaît comme une absurdité, si l'on ne suppose d'abord la coopération de la marine française.

En veut-on d'autres preuves encore ?

Il y a quelques mois, un journal autrichien, le *Wiener Tagblatt*, a publié les curieux résultats d'une vaste enquête sur les causes du conflit anglo-allemand. Nous y trouvons les déclarations suivantes d'un personnage considérable, ami personnel du roi Édouard VII, M. le vice-amiral Freemantle :

« Je considère, dit-il, comme parfaitement légitime le désir de l'Allemagne d'augmenter sa flotte, *mais il en résulte que l'Angleterre doit dépenser deux livres sterling toutes les fois que l'Allemagne en dépense une.* »

Et l'amiral ajoute :

« Par conséquent, le peuple anglais doit supporter

1. Il est infiniment probable, d'ailleurs, que la querelle de l'Allemagne et de l'Angleterre sera vidée avant l'année 1917 !

de lourds impôts, et cette cause n'est pas étrangère au mécontentement qui règne dans une partie de la population contre l'Allemagne[1]. »

Écoutons maintenant lord Goschen. Personne mieux que lui n'a démontré la profonde vanité des efforts que les puissances continentales, écrasées par leurs budgets militaires, seraient tentées de faire pour rivaliser avec la marine cuirassée de l'Angleterre.

Nous citons textuellement :

« Les constructions, chez les puissances étrangères, sont évidemment intéressantes pour nous aujourd'hui. Notre dépense pour l'exercice 1900-1901 est de 211 millions.

« La Russie dépense habituellement 57 millions de francs et, en vertu du fameux ukase, elle y ajoute 50 millions : total 107 millions de francs. La France, d'après son budget, doit dépenser 164 millions. Les deux puissances réunies arrivent donc à un total de 211 millions, c'est-à-dire à la même somme que nous, à très peu près. Par ailleurs, l'Allemagne dépense environ 88 millions.

« *Ici se présente un point intéressant : d'une façon générale, nous construisons 20 % meilleur marché qu'en France ; il en est probablement de même par rapport avec la Russie. Nous gagnerons ainsi environ*

---

1. Interview du vice-amiral Freemantle, publiée par le *Wiener Tagblatt*, numéro du 26 décembre 1905.

35 millions de francs sur la dépense totale des deux pays réunis. Autrement dit, pour la même dépense que la France et la Russie, nous gagnons un cuirassé et un croiseur.

« Si nous passons maintenant aux programmes des constructions des marines étrangères, nous constatons que l'Allemagne fait porter le sien sur seize années, avec une dépense totale de 1 750 millions. Celui de la France doit être exécuté en huit ans ; le chiffre en est de 700 millions. *Mais ce qui est à considérer pour nous, Anglais, ce n'est pas le total fantastique des millions : c'est la somme à dépenser annuellement,* et c'est justement cette annuité qu'il faut comparer à nos 200 millions.

« *Si nous prenions pour base le principe des Allemands, qui développent leur programme en seize ans, notre dépense, au taux actuel, serait de 3 200 millions au lieu de 1 750 millions.* De même, par comparaison avec la France, nous dépenserions 1 600 millions au lieu de 700.

« Dans ces conditions, une nouvelle loi de défense nationale ne paraît pas nécessaire, parce que le pays est parfaitement stable dans sa politique navale.

« Actuellement, nous sommes dans une situation telle que, pour mon propre compte, j'aime mieux considérer comment ces grands projets de défense navale des pays étrangers vont être appliqués, et savoir, notamment, comment la France va pouvoir mettre en chantier, pendant la période considérée, six cuirassés et cinq croiseurs. Et quant à l'Allemagne, je pense que nous n'avons rien de mieux à faire que de continuer d'appliquer les mêmes principes qu'aujourd'hui à nos budgets annuels.

« Si je me suis fait bien comprendre, la Chambre se rendra compte que notre budget peut soutenir la comparaison avec les plus vastes programmes des autres pays et qu'il n'y a aucunement lieu de s'alarmer à cet égard[1]. »

Ainsi, pour rivaliser avec l'Angleterre dans la guerre d'escadres, au moyen de cette marine cuirassée que l'amiral Jurien a si justement baptisée « *la marine des millions flottants* », il faudrait que les finances de l'Allemagne fussent en état de supporter, pour la flotte, un effort extraordinaire de plus de 3 milliards.

C'est donc impossible.

Et il en sera ainsi *tant que l'Allemagne ne pourra pas diminuer les dépenses de son armée de terre*, c'est-à-dire *tant que la France restera debout et refusera de s'allier avec les ravisseurs de l'Alsace et de la Lorraine.*

On s'explique, dès lors, le mot d'ordre donné à la presse germanique au début de la crise actuelle.

La fameuse théorie sur le rôle d'*otage* réservé à la France, en cas de conflit anglo-allemand, est bien dans la réalité de la situation.

1. Lord Goschen, discours à la Chambre des communes.

Situation inextricable !

Réalité cynique !

Que la responsabilité en retombe d'abord sur les auteurs de la paix de Francfort, sur les « grands Allemands », qui n'ont pas vu, qui n'ont pas compris que le rapt de l'Alsace et de la Lorraine allait devenir la pierre d'achoppement de toutes les combinaisons de la politique mondiale de l'Allemagne prussifiée, de cette politique d'expansion à outrance que lui imposent à la fois le trop-plein de sa population et son prodigieux développement économique.

L'EXPANSION GERMANIQUE ET L'ACCORD FRANCO-ANGLAIS

Ils sont là soixante millions d'hommes, à l'étroit sur un territoire sinon pauvre, du moins peu riche, obligés de jouer des coudes et de se donner de l'air, sous peine d'asphyxie, puisque leur nombre s'accroît de près d'un million chaque année.

A cette masse humaine, il faut des débouchés, comme il en faut pour le commerce et pour l'industrie.

Écoutez, là-dessus, l'écrivain militaire que nous avons déjà cité, M. le colonel Kœtschau :

« L'Allemagne, dit-il, est forcée de déverser son trop-plein sur d'autres pays, sur d'autres continents. Ils se chiffrent par dizaines de mille ceux de ces fils qui, ne trouvant pas de travail dans l'intérieur, franchissent les frontières de l'empire : il s'en trouve dans tous les pays de la terre.

« On essaye de mettre fin à l'émigration. *C'est un tort.* Certes, il est permis d'invoquer contre elle que beaucoup de gens quittent leur pays parce qu'ils ont des prétentions exagérées, parce qu'ils sont mécontents de la situation qui leur est faite, pour une foule de raisons peu valables, mais l'émigration en elle-même, ces reproches-là ne sauraient l'atteindre.

« Certainement, il serait plus agréable de voir partir tous les fainéants, tous les drôles et de voir rester au pays les ouvriers laborieux ; nous y perdrions moins. Mais nous sommes bien obligés de reconnaître que très souvent ce sont les membres les plus capables et les plus valides des familles qui émigrent en emportant avec eux une partie considérable de la fortune matérielle ; il faut absolument que nous apprenions à compter avec ce fait.

« Le chiffre de la population augmente sans cesse. Pourrions-nous mettre obstacle à cet accroissement ?

« C'est ainsi que tous les Allemands qui se préoccupent de l'avenir ont fini par prendre parti pour la politique coloniale qu'inaugurait le nouvel empire. Or, cette politique coloniale a pour conséquence inéluctable une flotte très forte.

« La soif de l'or, l'amour de la gloire ont porté certaines nations à coloniser dans des continents lointains, des territoires déserts, à subjuguer des pays habités. Nos pères, fort souvent, partaient en quête d'aventures dangereuses. Ils le faisaient déjà au temps où leurs demeures étaient séparées les unes des autres par de grands intervalles, où il y avait de la place pour tous ; *mais nos enfants devront chercher leur pain au dehors, parce qu'il n'y aura plus de place pour eux dans la patrie.*

« C'est là une vérité peu agréable à dire : nos jeunes gens n'aiment guère la glisser à l'oreille de leurs danseuses, au cotillon ; mais ce n'en est pas moins un fait, *une réalité pleine de sombres menaces et demandant impérieusement qu'on y remédie.* Aussi l'empereur, *qui voit loin,* et le grand homme d'État placé près de lui à la tête des affaires, tiennent-ils compte de ce fait depuis nombre d'années.

« Un pays dont la population est très considérable perd sous le rapport du rendement ; car les routes, les chemins de fer, les toits des maisons, les cimetières, etc., ce ne sont pas des champs de blé ; les parcs ne sont pas des potagers et les nuages de fumée qui sortent de toutes les cheminées ne tiennent pas lieu de soleil ! Jadis, on dut édicter des lois afin que les domestiques ne fussent pas contraints de manger trop fréquemment du saumon, et à l'heure qu'il est tous nos efforts tendent à conserver dans nos fleuves, qui souvent exhalent des odeurs peu agréables, quelques rares exemplaires de ce même poisson.

« Chaque jour, nous sommes donc astreints à déverser notre trop-plein sur les pays étrangers. C'est là un fait; *mais ce fait, autant qu'il est à prévoir, ne sera jamais une cause de brouille entre la France et l'Allemagne.*

« A la vérité, nos ancêtres, la plupart du temps, prenaient la voie de terre quand ils cherchaient des établissements en rapport avec leur nombre et, de préférence, ils choisissaient le chemin de l'ouest. *Mais, à l'heure qu'il est, nous prenons presque exclusivement la route par eau;* car nous savons fort bien qu'en Europe il n'y a plus le moindre recoin qui ne soit occupé [1]. »

Ce sont ces besoins et ces aspirations que traduit fort bien la célèbre formule allemande : *Nous voulons notre place au soleil!*

Hélas!

Pourquoi faut-il qu'à ce soleil de la richesse et du bien-être, les meilleures places, les plus chaudes, soient prises, depuis longtemps, par les nations qui ont précédé l'Allemagne sur la voie du progrès et de la civilisation?

Pourquoi faut-il que, parmi ces rivales, la plus riche, la mieux pourvue, soit l'Angleterre?

*
* *

1. Lieutenant-colonel C. Kœrschau, ouvrage déjà cité.

Si la route par eau, substituée à l'ancienne route terrestre de l'ouest, permettait aux Allemands d'éviter la France, elle les jetait partout sur l'Angleterre.

En Asie Mineure, en Chine, en Afrique, en Amérique, partout enfin, la plus grande Allemagne se heurtait à la plus grande Bretagne.

Partout, l'Anglais se mit en défense et, pour en triompher, tant l'avance acquise était grande, il apparut nettement que l'Allemagne ne saurait se passer d'un allié *puissant sur mer*. Et cet allié ne s'apercevait que sous les traits de la France.

Pendant vingt ans, l'empereur, « qui voit loin », comme dit le colonel Kœtschau, a caressé cette idée. Même, au lendemain de Fachoda, il put croire, raisonnablement, qu'il aurait partie gagnée.

Mais le sentiment national français s'opposant à toute alliance de ce genre, notre diplomatie s'employa à guérir, du côté anglais, ce qui n'était pour nous que blessure d'amour-propre. Et, à partir de l'avènement du roi Édouard VII, les choses se précipitèrent. Mettant habilement à profit nos dispositions nouvelles, l'Angleterre sut nous épargner plus de la moitié du chemin.

Le résultat fut l'accord franco-anglais du 4 avril 1904.

Un vrai coup de massue pour la politique allemande.

Puis, ce fut la défaite de la Russie en Asie, qui,

l'alliance anglo-japonaise, sonnait le glas des ambitions germaniques en Chine.

Au même instant, en Asie Mineure, l'Angleterre, gardienne toujours vigilante des routes de l'Inde, ne se gênait plus pour placer, ostensiblement, d'énormes bâtons dans les roues de ce chemin de fer de Bagdad, dont on a dit qu'il est la plus grande pensée du règne de Guillaume II.

Au même instant encore, le président Roosevelt, vrai pince-sans-rire, publiait *urbi et orbi* que, désormais, la doctrine de Monroë étendrait ses barrières à toutes les Amériques, sans exception. Ce qui signifie apparemment que, depuis l'Alaska jusqu'au cap Horn, en passant par l'isthme de Panama, les Anglo-Américains entendent régner seuls et que le Brésil, en particulier, ne sera jamais mangé à la sauce allemande (1).

Jamais politique n'avait essuyé, en aussi peu de temps, pareille série de désastres.

Mais, de tous les coups reçus, l'accord du 4 avril 1904 demeurait le plus sensible, parce que le moins réparable.

---

1. Les visées de Berlin sur l'Amérique du Sud sont notoires. Certaines provinces de l'ancien Brésil, par exemple, sont exclusivement peuplées d'Allemands qui y vivent à l'allemande et appellent de tous leurs vœux l'union avec la mère-patrie.

L'ORIENTATION NOUVELLE

Avoir tout échafaudé, tout combiné sur la base d'un accord franco-allemand, dont l'Angleterre eût payé les frais, et se trouver tout à coup en face du rapprochement étroit des petits-fils des combattants de Trafalgar !

Quelle chute !

Le premier résultat fut de faire apparaître la flotte allemande dans toute son impuissance, seule, isolée, en face de la colossale marine anglaise.

Et en effet, dès l'instant que vous supprimez la coopération des vainqueurs et des vaincus de 1870, réconciliés sur le dos d'Albion la Perfide, dès l'instant que l'escadre réduite de la France et l'escadre réduite de l'Allemagne ne s'uniront pas, pour tomber ensemble sur le bloc des cuirassés britanniques, il va de soi que le kaiser n'a plus qu'à rentrer son pavillon...

N'est-ce pas un principe invariable de l'Angleterre que le nombre de ses cuirassés doit être maintenu au moins égal, sinon supérieur au total des cuirassés que pourrait mettre en ligne la coalition des deux plus fortes marines du monde (1) ?

---

1. On remarquera, en outre, que dans notre raisonnement pour démontrer l'impuissance présente et future de la force cuirassée allemande, réduite à ses seules ressources, nous

Ces réflexions, l'empereur Guillaume n'aura pas manqué de les faire, et elles l'ont conduit à étudier un nouveau plan où la France, au lieu du rôle d'alliée, jouera celui d'otage.

Les premiers symptômes de cette orientation nouvelle apparaissent clairement dans les budgets de la guerre et de la marine, depuis la conclusion de l'accord franco-anglais.

C'est d'abord l'augmentation des crédits affectés à l'armée de terre, en particulier des dépenses d'approvisionnements et de matériel, qui sont, par excellence, des dépenses de préparation à la guerre.

Puis une modification significative du programme des constructions navales : les ordres de mise en chantier comprennent surtout des croiseurs, contre-torpilleurs et torpilleurs.

Et, pour mieux accentuer l'orientation vers les flottilles, on se lance résolument dans la recherche du sous-marin dont, jusqu'ici, la marine allemande avait affecté de faire fi...

L'augmentation des dépenses de l'armée de terre est dirigée contre la France.

La tentative d'orientation nouvelle du programme naval vise directement l'Angleterre.

---

raient trouver dans la marine japonaise d'abord, et même dans la marine française. Cependant, ces combinaisons apparaissent parmi les éventualités les plus vraisemblables de l'heure présente.

Puisque l'on ne peut pas s'entendre avec nous, il n'y a qu'à se mettre en mesure de nous écraser le plus sûrement possible. L'armée de terre y pourvoira.

Et, puisque l'on ne peut pas affecter 3 milliards à la flotte cuirassée, il faut trouver une méthode plus rationnelle, qui enlèvera d'abord aux Anglais le choix des armes, que tous leurs rivaux leur ont laissé jusqu'à ce jour. C'est l'objet principal de la flottille des torpilleurs et des sous-marins.

CHAPITRE VIII

L'AMIRAL FOURNIER ET LES FLOTTILLES
LE PROGRAMME DE LA SITUATION

LE VAINCU SERA SAIGNÉ A BLANC

En renonçant à poursuivre la ruineuse chimère de la guerre d'escadres, en renonçant à lutter contre sa rivale à coups de millions, la marine allemande ne s'échappera pas seulement d'une voie pour elle sans issue : *elle annulera,* ipso facto, *tous les sacrifices consentis par l'Angleterre pour s'assurer la victoire en bataille rangée de mastodontes.*

Mais, encore une fois, qu'elle y renonce ou qu'elle y persiste, c'est toujours l'armée française qui jouera la partie décisive, qui devra livrer cette suprême bataille dont le gain ou la perte décidera de la vie et de la mort de la France et de la Grande-Bretagne elle-même.

Oui : de la Grande-Bretagne elle-même. Car, la France de nouveau vaincue, écrasée, mutilée, la France disparaissant de la liste des grandes nations, c'est le littoral de la mer du Nord et de la Manche tombant à coup sûr aux mains de l'Allemagne, depuis la côte danoise jusqu'à Boulogne et peut-être jusqu'à Cherbourg [1].

Les hommes d'État d'outre-Manche, qu'ils soient whigs ou tories, ne peuvent pas, ne pourront jamais se résoudre à admettre une telle éventualité [2], et c'est là une des raisons dominantes de leur résolution de soutenir la France contre l'Allemagne prussifiée.

« La prochaine guerre, a dit le prince de Bismarck, sera si épouvantable, que celle de 1870 paraîtra un jeu d'enfants. » Et il ajoute : « *Le vaincu sera saigné à blanc.* »

Voilà, certes, un avertissement bien fait pour impressionner, car en 1870-1871 les Prussiens ont déjà reculé les bornes de la sauvagerie et violé toutes les règles du droit international.

C'est, en effet, le *commandement supérieur* de l'armée allemande qui remit alors en vigueur des procédés de guerre qui étaient en voie de disparition chez tous les peuples civilisés. Par exemple :

1° L'obligation imposée à des habitants de participer à des hostilités dirigées contre leur patrie (par exemple, les guides et charretiers requis sous peine de mort) ;

---

1. La presqu'île du Cotentin pourrait être facilement isolée du reste de la France, par l'inondation des lignes de Carentan.

2. Car l'antagonisme de l'Allemagne et de l'Angleterre est irréductible, en raison même de sa cause première, qui est d'ordre non politique, mais *économique*.

2° La prise d'otages, comme ceux qu'on faisait monter sur les locomotives des trains;

3° Les châtiments imposés, pour l'exemple, à des gens notoirement innocents, pour des torts reprochés à d'autres que l'on n'avait pu saisir (incendies et pillages de Bazeilles, Fontenoy, Ablis, Mézières-les-Hautes, Châteaudun, Varize, Étrépagny, Chérizy, etc.);

4° Des destructions auxquelles les Allemands eux-mêmes seraient incapables de trouver un prétexte, comme l'incendie du château *et de la ville* de Saint-Cloud, opéré par ordre, à la torche, après la cessation des hostilités, comme en fait foi la signature du major prussien Jacobi, précieusement conservée à l'hôtel de ville de Saint-Cloud;

5° L'exécution sommaire de centaines de francs-tireurs. Je ne parle pas d'hommes isolés, impossibles à reconnaître, ayant fait le coup de feu au détour d'un chemin, mais d'hommes appartenant à des corps francs constitués, bien reconnaissables; ces derniers n'ont pu se faire respecter qu'en menaçant, comme le fit l'énergique colonel Bourras, de fusiller, par représailles, les prisonniers allemands qu'ils avaient faits;

6° Je passe condamnation sur les amendes et contributions formidables que les populations durent subir. Le *Militär-Wochenblatt* (n° 34 de 1893) arrive à un total de 515 158 000 fr. Ce chiffre est probablement bien au-dessous de la vérité, car il ne comporte que 79 millions et demi d'« impositions, contributions et amendes ». Or, la seule affaire du pont de Fontenoy a coûté au département de la Meurthe, outre le village brûlé, une amende de 10 millions.

Mais encore faut-il signaler la manière dont on faisait rentrer les contributions extraordinaires que l'on imposait arbitrairement; en voici un exemple entre cent. C'est une lettre adressée au maire de Senlis par le préfet prussien du département de l'Oise.

Nous citons textuellement, d'après l'original, conservé à la mairie de Senlis.

PRÉFECTURE
DU
DÉPARTEMENT DE L'OISE

« Beauvais, le 8 février 1871.

« Monsieur le Maire,

« Je vous accuse réception de votre lettre, en date du 7 de ce mois, me notifiant les grandes difficultés ci-nommées que vous croyez rencontrer en faisant rentrer les contributions et la quote-part de la contribution extraordinaire de un million de francs, imposée au département, due par le canton de Senlis le 10 février.

« Je ne peux que regretter les explications que vous avez jugé bon de me remettre à ce sujet:

l'ordre relatif émané de mon gouvernement est si clair et si précis à ce sujet; les instructions que j'ai reçues à ce sujet sont si catégoriques que, si le canton de Senlis ne s'acquitte pas le 10 février de la somme due par lui, LA VILLE DE SENLIS SERA INCENDIÉE IMPITOYABLEMENT.

« Recevez, Monsieur le Maire, l'expression de mes sentiments les plus distingués.

« POUR LE PRÉFET :

« *Le Secrétaire général,*

« Signé : FR. GEHLE. »

Que l'on veuille bien remarquer que cette lettre est datée du 8 février. C'est-à-dire que *onze jours après la signature de l'armistice*, on menaçait d' « incendier impitoyablement » une ville de plusieurs milliers d'habitants, si, quarante-huit heures plus tard, la population, épuisée par cinq mois d'occupation, n'avait pas craché son dernier sou;

7° Je ne parlerai pas de Strasbourg, Belfort, Toul, Soissons, Saint-Denis, méthodiquement détruites par le bombardement : d'après le capitaine allemand Wagner, comme d'après le lieutenant-colonel allemand Spohr, Strasbourg elle-même n'a pas été sérieusement bombardée! Je rappellerai seulement qu'en assiégeant Rome, en 1849, les Français ont choisi un point d'attaque désavantageux, pour que leurs batteries ne fussent pas exposées à endommager les monuments de la ville éternelle. L'armée allemande nous a rappelé à la réalité en brûlant la bibliothèque et la cathédrale de Strasbourg [1].

Tels sont les faits, quelques-uns des faits, que l'on a pu voir en 1870. Ils se passent de commentaires. Ne les oublions pas et ayons toujours présente à l'esprit la parole de Bismarck : « La prochaine guerre sera si épouvantable que celle de 1870 paraîtra un jeu d'enfants. »

En face d'une perspective pareille, d'un avenir aussi redoutable et que tout annonce prochain, n'enlevons pas à nos armées de terre, pour un objectif secondaire, des ressources d'autant plus précieuses que le fardeau du contribuable est déjà écrasant.

Car, à l'heure actuelle, la marine est l'objectif secondaire.

« Il peut arriver, a écrit l'amiral Aube, il peut arriver que deux puissances continentales s'en remettent de l'issue de la guerre aux succès de leurs armées et que toutes deux se bornent à assurer l'inviolabilité de leurs frontières maritimes, ou encore que l'une d'elles, ayant assuré cette inviolabilité, se refuse à tout engagement. C'est, en définitive, ce qui eut lieu dans la guerre de 1870-1871, dont on peut dire que l'action des deux marines a été nulle, la marine allemande s'étant, dès la première heure,

---

1. *Alsace-Lorraine*, par le capitaine G. Moch (Armand Colin, éditeur).

résignée à la défensive, et la marine française, impuissante contre les ports et les côtes de l'Allemagne, n'ayant pu, sauf dans l'engagement insignifiant du *Meteor* et du *Bouvet*, la forcer au combat.

« S'il en est ainsi, on peut *a priori* affirmer que dans une guerre maritime la défensive est l'objectif supérieur, au contraire de ce qui se passe sur terre, où l'offensive apparaît comme le moyen le plus sûr de maintenir inviolé le sol national, par l'invasion du sol ennemi [1]. »

En ce qui touche la guerre qui a failli éclater en juin 1905 et dont la menace est toujours suspendue sur nos têtes, la méthode de l'amiral Aube est d'autant plus logique, d'autant plus en accord avec la raison des choses du présent et celle de l'avenir, que le théâtre de cette guerre devant être, tout le montre, les mers nationales des futurs adversaires, constituer la flotte défensive, c'est constituer également, du même coup, la flotte offensive. Leurs éléments sont identiques.

Qu'est-ce, en effet, pour des navires à 20 nœuds et plus, que les distances qui, dans ces mers, séparent les rivages et les centres d'action ennemis ? C'est un jeu. Les vitesses réalisées par les croiseurs, les destroyers et les torpilleurs sont de celles dont l'amiral Freemantle a dit qu'elles permettent des

---

1. *De la Guerre navale. Opinion d'un marin* (Berger-Levrault et Cie, éditeurs).

combinaisons auxquelles on ne pouvait songer autrefois.

Et dans quelle partie des mers envisagées les escadres pourront-elles se dire à l'abri d'une surprise, d'un *raid* de la flottille? Dans quelle partie pourront-elles échapper aux sous-marins offensifs, que nous aurons dans quelques mois, si nous le voulons?

LE PROGRAMME DE 1906 ET LA PRÉPONDÉRANCE COTIÈRE

Dans l'état actuel de l'Europe, quand le feu qui couve sous la cendre peut éclater du jour au lendemain, on ne voit pas du tout par quels arguments on pourrait tenter la justification de dépenses aussi improductives, aussi somptuaires que celles qui résulteraient de la mise en chantier de navires du prix de 48 millions chacun.

Car nous en sommes là. D'après le rapport de M. Charles Bos et la note préliminaire du budget de la marine pour 1906, les onze cuirassés du programme naval soumis aux Chambres coûteront ensemble plus d'un demi-milliard : 528 millions exactement [1]. Il faudra quatorze ans pour les construire,

1. Il ne s'agit, bien entendu, que du prix officiel, et nul n'ignore que les prix officiels sont inférieurs à la dépense réelle. (Voir, à ce sujet, les rapports du comité d'examen des comptes des travaux de la marine, et notamment le rapport de M. le contrôleur général [illegible].)

et, quand ils entreront tous en ligne, vers 1919, ils n'y figureront pas en augmentation de la flotte déjà existante, mais en remplacement d'unités disparues par vétusté.

Notre situation, pour ce qui est des cuirassés, ne sera donc pas modifiée à notre avantage; nous nous retrouverons, dans quatorze ans, exactement au point où nous en étions à la veille de Fachoda.

Car, pas plus que l'Allemagne, nous ne pourons songer à faire disparaître l'avance acquise par la marine britannique.

C'est là le triomphe de la politique navale de l'Angleterre. En réussissant à faire adopter sa méthode et ses procédés par toutes les marines rivales, elle les épuise, elle les bat dès le temps de paix (1), elle les force à tourner toujours dans le même cercle, à rouler désespérément l'éternel rocher de Sisyphe.

Pour en revenir au programme français de 1906, nous dirons qu'il est mauvais et dangereux, abstraction faite de la valeur des types de bâtiments qui le composent; nous dirons qu'il est mauvais et dangereux, uniquement parce qu'il absorbe des ressources énormes qui feront gravement défaut sur le théâtre principal des opérations, là où se jouera vraiment le sort de la France.

---

1. Nous avons développé cette idée dans notre étude : *Les Sous-marins et la politique navale de l'Angleterre* (Paris. 1902. Chapelot. éditeur).

En un mot, ce n'est pas le programme de la situation politique et militaire.

Devant ce vice rédhibitoire, toutes les qualités que l'on serait tenté de lui accorder par ailleurs s'évanouissent.

Quand la préparation à la lutte contre les armées prussiennes présente les lacunes que tout le monde a pu constater, quand de ce côté des précautions de première importance n'ont pas été prises, uniquement par lassitude budgétaire, on n'a pas les moyens de se payer le luxe de bateaux *inutiles* à 48 millions pièce!

Dans les circonstances que nous traversons, toutes les ressources de la défense nationale doivent aller à l'objectif principal.

Les esprits les plus clairvoyants, dans la marine même, en étaient convaincus, d'ailleurs, bien avant le coup de théâtre de Tanger.

Écoutez, par exemple, l'amiral Réveillère :

« Avoir une armée de taille à lutter avec celle de l'Allemagne est bien l'archi nécessaire, écrivait-il en 1894. *Ce devrait être notre idée fixe. Toutes les dépenses, quelles qu'elles soient, doivent passer après celles-ci, puisqu'il s'agit ici de l'existence.*

« Donc, modérons nos ambitions maritimes...

« Oui, modérons nos ambitions maritimes *en tout ce qui ne touche pas à la défense même du territoire...*

« Modérons nos ambitions extérieures, nos ambitions coloniales, car nous ressemblons trop à celui qui achète des villas en hypothéquant le vieux manoir patrimonial.

« *Le fait est indiscutable : dans une guerre contre l'Allemagne, toutes les victoires possibles sur mer ne compenseraient pas un désastre à la frontière. En pareille occurrence, une défaite de la flotte allemande serait une satisfaction purement sentimentale.* Donc, dans la Manche et l'Océan, bornons-nous strictement à la défensive, mais à une défensive sérieuse, à une protection efficace de nos grands ports de commerce et de nos grands estuaires (1)... »

C'est la même pensée qu'exprimait l'amiral Jurien quand il disait :

« *Ce serait folie de vouloir créer, dans les temps où nous vivons, une marine à toutes fins :* les grandes visées coloniales ne comportent pas le matériel naval que commanderaient des préoccupations d'un autre ordre. Dans le vague où me laisse mon ignorance absolue des rapprochements qui tendent à s'opérer, des complications qu'un avenir plus ou moins prochain fera naître, je n'hésite pas à courir d'abord au plus pressé : *ne compromettons jamais notre prépondérance côtière.* »

Qu'est-ce donc que cette « prépondérance côtière » dont parle l'illustre marin et historien ?

---

1. Contre-amiral Réveillère, *La Défense des côtes* (étude parue dans la *Marine française* du 10 novembre 1894).

C'est l'avantage capital qui résulte, pour la France, de sa situation géographique.

Les côtes et les ports de France s'ouvrent à la fois sur :

La mer du Nord ;

La Manche ;

L'océan Atlantique ;

La Méditerranée.

Situation unique au monde.

En voici l'énorme conséquence :

Si la marine française a la maîtrise de sa propre côte, elle commande ipso facto *les plus importantes routes de mer, et toutes les grandes marines se trouvent placées, inévitablement, dans son rayon d'action.*

Quelle est l'autre nation à qui le simple usage de son territoire confère un privilège pareil ?

Il n'y en a pas.

Mais comment obtenir et exercer cette maîtrise de la côte française ?

C'est la question que doit résoudre le programme naval.

Sera-ce par les escadres ?

Nous avons vu qu'il n'y fallait pas songer, en raison d'une impossibilité matérielle absolue.

Par les croiseurs ?

Pas davantage. Le croiseur n'est fait et ne se conçoit que pour le grand large.

Restent donc et la flottille des torpilleurs et, plus encore, la flottille des sous-marins.

C'est donc vers les flottilles qu'un programme rationnel doit s'orienter.

Les temps sont venus qu'entrevoyait l'amiral Jurien, dans l'admirable page que l'on va lire :

« J'ai raconté ailleurs, dit-il, comment la tactique militaire des Grecs dut changer quand la conquête de l'Inde eut fait entrer les éléphants en ligne : les vaisseaux cuirassés joueront longtemps encore, dans la guerre maritime, le rôle qu'Antigone, Séleucus et Eumène attribuèrent, dans les plaines de l'Asie Mineure, aux monstres disciplinés par Taxile et Porus.

« Les éléphants gardèrent pendant près d'un siècle leur ligne de bataille ; ils durent battre en retraite devant la légion romaine. Les vaisseaux cuirassés finiront bien aussi par disparaître ; l'heure de les licencier ne me paraît pas venue [1]. Dans les mers profondes, je voudrais continuer d'associer cette massive réserve à nos escadrilles ; je ne l'enverrais pas dans les parages où il serait facile de lui opposer un rempart de roches et de hauts-fonds.

« On arrivera probablement un jour à donner à nos torpilleurs toutes les qualités qui leur sont nécessaires pour affronter en pleine sécurité la haute mer ; on aura plus de peine à en faire des

1. L'amiral écrivait ces lignes il y a vingt ans ; le torpilleur et la torpille étaient dans l'enfance ; on soupçonnait à peine e sous-marin.

oiseaux de grand vol. De toute façon, ces torpilleurs transformés ne seraient plus des bâtiments de flottille.

« La flottille, telle que je la conçois, se compose de navires de dimensions chétives, d'une valeur vénale insignifiante. Je la destine surtout à infester les bras de mer étroits. Course ou descente, sur ce terrain propice elle se prête aisément aux opérations les plus diverses. Si je la concentre, les colosses, à son approche, se troublent, et, sur le rivage, les corps d'armée s'essoufflent à la suivre; si je la disperse, un seul de ses méfaits suffit pour alarmer toute une marine marchande. La Manche, en moins d'une heure, se l'est renvoyée d'une rive à l'autre. On ne sait d'où elle sort, on ignore où elle rentre. *Ne comptez pas ses pertes : son grand art, sa force principale consistent à ne rien craindre et à sacrifier sans scrupule quelques-uns de ses tronçons.* « Il est mort tout de même », disait l'assassin du duc de Guise, pendant que le bourreau lui rompait les membres. Voilà un vrai mot de torpilleur!

« Vous voyez donc bien que cette marine n'a rien de commun avec l'autre; qu'il faut la distinguer soigneusement de celle que j'appellerai la *marine des millions flottants* (1). »

---

1. Vice-amiral JURIEN DE LA GRAVIÈRE, *Les Derniers Jours* [illegible]

Et, plus tard, précisant davantage et complétant sa pensée, le grand précurseur s'écrie :

« Il faut, de tout notre pouvoir, poursuivre parallèlement deux fins particulières : 1° accroître le rayon d'action et d'efficacité militaire de la flottille ; 2° diminuer le tirant d'eau de la flotte. Toute invention qui menace les colosses et tend à émanciper les moucherons est un progrès dont la marine française ne saurait trop s'emparer, *car il n'en faut pas plus pour doubler, en quelques années, ses forces et sa puissance.* »

Pourquoi faut-il que, sauf pendant le trop court ministère de l'amiral Aube, nous ayons obstinément tourné le dos à ce programme ?

Pourquoi notre flotte a-t-elle le plus fort tirant d'eau ?

LE PROGRAMME DE LA SITUATION

Autant le problème est insoluble pour nous, dans l'hypothèse de la victoire dépendant du seul combat d'escadres de mastodontes, autant ce problème est simple, économique et sans riposte possible par les mêmes procédés, dans l'hypothèse de la destruction de l'ennemi flottant par les torpilleurs et les sous-marins, c'est-à-dire par l'arme-torpille, frappant le navire sous la flottaison, dans ses œuvres vives exclusivement.

Nous disons bien : sans riposte possible par les

mêmes procédés. Parce que, encore une fois, aucune autre nation ne dispose d'un littoral comparable à celui de la France.

Répétons-le sans jamais nous lasser :

Tous les grands courants de l'activité maritime du monde passant à toucher les côtes de France, le travail utile, ou, si l'on préfère, le rendement de nos flottilles sera maximum et, dans tous les cas, incomparable.

D'où il suit que le programme naval de la situation et des circonstances sera celui dont l'achèvement nous donnera, dans le plus court délai, le plein exercice de notre prépondérance côtière.

Or, c'est justement le programme qui a été exposé et défendu, devant le conseil supérieur de la marine, par un officier général en qui la science est à la hauteur de la conscience et dont la réputation est universelle, par M. le vice-amiral Fournier.

Digne successeur des Jurien de la Gravière et des Aube, M. le vice-amiral Fournier a puisé, dans la pratique journalière des flottilles, cette conviction intime, profonde, que c'est vraiment le sous-marin, ou submersible, « qui pourra le plus sûrement conjurer le péril naval, de plus en plus menaçant pour nous, à mesure que grandit l'infériorité numérique de notre flotte de haut bord relativement à celle de l'Angleterre ».

On remarquera en passant que l'amiral Fournier, dans son raisonnement, se préoccupe non pas de l'Allemagne, mais de l'ennemi naval le plus dangereux, ce qui ne l'empêche pas d'être un des plus chauds partisans de l'entente franco-anglaise; il sait seulement que l'on ne respecte que les forts. Et d'ailleurs, dans l'hypothèse où nous serions seuls en face de l'Allemagne, ce n'est pas avec notre flotte cuirassée *coupée en deux* que nous pourrions nous opposer à une attaque brusquée de l'escadre offensive allemande. C'est avec nos flottilles de torpilleurs et de sous-marins. Si nous avions seulement une vingtaine de submersibles comme l'*Aigrette* au débouché de la mer du Nord, sur le pas de Calais, les cuirassés allemands ne passeraient pas.

Au sujet du suprême secours que nous apporte le submersible *offensif*, l'amiral Fournier dit encore :

« Le nouveau type de bâtiment créé par notre marine n'est pas seulement l'arme la plus efficace de la France sur mer, à cause de sa situation géographique privilégiée, *il est aussi de beaucoup le plus économique et notre meilleur enjeu sur l'échiquier de la politique mondiale.* »

On ne saurait mieux dire, et il est certain que l'amiral Fournier a derrière lui l'immense majorité de l'opinion publique.

Par malheur, on assure qu'il n'a pas réussi à convaincre ses collègues du conseil supérieur. Il lui arrive donc ce qui est arrivé à tous les précurseurs : à l'amiral Touchard qui, le premier, réclama le décuirassement, à l'amiral Jurien de la Gravière, démontrant la valeur des flottilles, à l'amiral Aube, essayant de passer de la théorie à l'action.

Le contraire, du reste, serait surprenant. M. le vice-amiral Colomb, que nous avons déjà cité, a démontré de la façon la plus probante qu'un grand conseil [1] ne peut que se montrer réfractaire aux innovations dans le matériel.

Écoutez-le :

« Tous ceux qui, officiellement, ont participé à l'installation du matériel dans la marine ou dans l'armée sont un peu, par rapport à ce matériel, dans la position d'un père vis-à-vis de son enfant; ils l'entourent d'une affection jalouse que l'on doit supposer capable de nuire jusqu'à un certain point à la rectitude du jugement.

« De plus, en ce qui concerne le vieux matériel, bien des gens sont directement intéressés à conserver le *statu quo* ou sont conservateurs par principe.

« De tous ces groupes, le plus important, c'est cette masse inerte, mais puissante, d'hommes qui prennent les choses comme ils les trouvent, sans examiner leurs raisons d'être, sans observer leur développement ou leur dépérissement, et sans appli-

---

1. Dans ses lettres au journal *le Temps*, qui ont eu un si grand et si légitime retentissement, M. le général de division Langlois, ancien membre du conseil supérieur de la guerre, n'a pas caché le peu de confiance que lui inspirent ces assemblées de techniciens : « *Un grand conseil retarde toujours de dix ans* », a-t-il écrit, et nous pouvons l'en croire.

quer leurs facultés critiques à rechercher les relations qu'elles peuvent avoir avec le milieu ambiant.

« Ces derniers accepteront, sans s'y arrêter, une série de petits changements, tous dans le même sens et concourant à un résultat inévitable. *Ils accepteront même des modifications très importantes, tant qu'il ne se trouvera personne pour faire ressortir les conséquences d'un tel changement, tant que les idées incompatibles de l'ancien état de choses et du nouveau ne seront pas amenées, par un contact immédiat, à se heurter violemment* [1]. »

Quelle mesure et quelle sérénité dans la condamnation des comités anonymes et irresponsables!

Quelle philosophie! quel bon sens!

Que l'amiral Fournier ne se décourage donc pas. Qu'il tienne bon!

Nous le demandons à tout homme de bon sens : est-ce que la situation militaire et diplomatique de l'Europe, à l'heure présente, autorise la mise en train d'un programme qui, à tous les défauts déjà énumérés, joint encore celui de ne produire son plein effet que dans quatorze ans au minimum?

Cette situation impose, au contraire, le programme de l'amiral Fournier.

---

1. Vice-amiral P. H. Colomb, discours en séance de la *Royal United Service Institution*, du 8 juin 1897. Traduction de M. le lieutenant de vaisseau Guierre (Berger-Levrault et Cie, éditeurs).

Ce programme, quel est-il, au juste?

Il consiste, en réservant l'avenir quant à la flotte de haut bord, à mettre la marine française en état de profiter, sans délai, de la révolution que vient d'accomplir l'entrée en service d'un type de submersible à grand rayon d'action.

Ce type a fait ses preuves, et nul ne saurait en contester de bonne foi la valeur, parce qu'il n'est pas nécessaire, pour en tirer parti, d'attendre la mise au point des moteurs Diesel et autres du même genre, puisqu'on peut lui adapter un moteur à vapeur.

Il n'y a, en effet, à l'heure actuelle, qu'une seule solution absolument sûre et d'ailleurs pleinement suffisante, c'est la vapeur.

Ce n'est pas une affaire technique, c'est une question de bon sens.

Comme le sous-marin est en lui-même un outil complexe et délicat, est-il rationnel de compliquer encore le problème en y superposant celui des moteurs, en cherchant dans les nouveautés, non consacrées par l'expérience, ce que chacun sait que la vapeur donne à coup sûr? Tous les engins nouveaux sont pleins d'avenir, c'est entendu, mais ils en sont au point où la vapeur en était lors de la marmite de Denis Papin. Et l'on ne profiterait pas de tout l'acquit en la matière! Ce serait absurde.

Le programme de 1900 n'est pas encore achevé. Finissons-en. Mais, avant d'entamer un programme nouveau, dans lequel les cuirassés à grand tirant d'eau absorberaient, sans profit réel, la plus grosse part des ressources du budget des constructions neuves, construisons la centaine de submersibles offensifs dont l'entrée en ligne renversera, à notre profit exclusif, toutes les conditions jusqu'ici admises de la guerre sur mer.

Réalisons cet effort en deux ou trois ans. Nous le devons, puisque nous le pouvons.

Dans deux ans, le programme de 1900 sera définitivement achevé. Alors, la flottille des submersibles offensifs nous donnera la maîtrise des mers européennes.

Alors les plus puissantes escadres du monde devront fuir les approches des côtes françaises, alors tout le mouvement maritime de l'Allemagne et de l'Angleterre sera dans notre dépendance.

Être maître de la Méditerranée, de la mer du Nord, de la Manche et des approches de l'Europe par l'Atlantique, c'est être maître de la navigation du monde entier.

A quoi bon poursuivre son adversaire sur tous les océans et dans les mers les plus lointaines, quand on peut le frapper au départ et à l'arrivée, à l'entrée ou à la sortie de ses ports?

Car telle est l'importance de la révolution produite par l'entrée en scène du submersible à grand rayon d'action.

CHAPITRE IX

LA PROCHAINE GUERRE ET LES DÉBARQUEMENTS

LE DÉBARQUEMENT AU SCHLESWIG

Un des adversaires les plus ardents de la politique de M. Delcassé, le chef du parti socialiste en France, M. Jaurès, a écrit les lignes suivantes :

« *Il n'y a pas de doute possible*. M. Delcassé a affirmé au conseil des ministres, pour le décider à refuser toute conversation avec l'Allemagne au sujet du Maroc, que l'Angleterre était prête à soutenir la France par l'intervention de sa flotte et par le débarquement de 100 000 hommes. C'était la guerre.

« En ce qui touche la France, ces révélations ne peuvent en rien émouvoir l'Allemagne. Elles démontrent, au contraire, la sincérité des déclarations pacifiques de notre pays. *Si, vraiment, il désirait une guerre de revanche, jamais, depuis trente-cinq ans, une occasion aussi favorable ne s'était offerte à lui.*

« Dans ces conditions, la France pouvait tenter la chance et essayer le destin. L'Italie, on le sait aussi, était sympathique à l'action franco-anglaise. Elle n'aurait certainement aidé l'Allemagne ni d'un homme ni d'un vaisseau.

« Et, contrairement à la sotte légende, si aisément accueillie par l'étourderie publique, *l'écrasement de la Russie à Moukden constituait un péril pour l'Allemagne beaucoup plus que pour la France.* Jamais la Russie intacte n'aurait toléré qu'une coalition anglo-française fît violence à l'Allemagne. Ainsi donc, si l'Angleterre et la France étaient résolues à s'unir pour abaisser l'Allemagne, elles devaient profiter du moment où la Russie n'existait plus en Europe[1]. »

A propos de l'hypothèse envisagée par M. Jaurès, on a beaucoup discuté les chances d'un débarquement. Le journal *le Matin* a même révélé qu'un projet de descente sur la côte du Schleswig avait été étudié et eût été exécuté, si la guerre, dont nous fûmes à deux doigts, avait éclaté.

L'idée a soulevé de vives critiques.

On a d'abord contesté que l'Angleterre fût en état de rassembler 100 000 hommes pour cette opération. Puis on a objecté qu'il faudrait commencer par détruire la flotte allemande.

Les Japonais, pour débarquer leurs troupes en Corée, ont préalablement étourdi la flotte russe par le coup double de Port-Arthur et de Tchemulpo.

---

1. Jean JAURÈS, député (article publié par l'*Humanité* du

Enfin, un débarquement est, au premier chef, une opération offensive.

« Le propre de l'offensive est d'assurer à celui qui l'adopte le choix du jour et de l'heure, le bénéfice de la surprise. Ce bénéfice est au moins atténué pour l'agresseur de l'Allemagne : ses fronts de mer, celui de la mer du Nord surtout, sont peu étendus. Donc, à dépense égale, la défense y est plus dense, plus concentrée, plus résistante que sur les côtes énormément longues et vulnérables de la France, de l'Indo-Chine et surtout de l'Angleterre.

« Quant au choix de l'heure, s'il peut être tenu secret pour l'embarquement et le débarquement d'une division, voire d'un petit corps d'armée, il est impossible d'empêcher que s'ébruitent les préparatifs nécessaires à l'embarquement d'une armée de 100 000 hommes, pour laquelle il faudra réquisitionner ou affréter une centaine au moins de grands vapeurs rapides [1]. »

Nous sommes loin de méconnaître la valeur de ces arguments. Mais l'auteur raisonne sur cette double hypothèse :

1° L'attaque ne précédera pas la déclaration de guerre;

2° L'effectif du corps de débarquement sera de 100 000 hommes.

Or, s'il faut beaucoup moins de 100 000 hommes et si l'attaque est *brusquée,* les objections tombent.

Si les Anglais opèrent sur la côte du Schleswig, comme les Japonais à Port-Arthur dans la nuit du 7 au 8 février 1904, c'est-à-dire avant toute déclaration de guerre, la mobilisation allemande n'aura pas encore eu lieu et la toilette militaire de la côte ne sera pas encore faite (1) quand les *troop-ships* apparaîtront.

Or, il n'y a aucune raison de croire que les Anglais voudront se priver de l'énorme bénéfice qui résulte toujours d'une attaque brusquée, d'une *surprise.*

Reste à tenir compte du temps nécessaire pour la mise à terre des troupes et du matériel.

Pour 100 000 hommes, il faudrait plusieurs jours. Mais, s'il s'agit d'une vingtaine de mille hommes seulement, l'opération, *avec les moyens dont les Anglais disposent,* peut se faire en moins de vingt-quatre heures. La surprise sera donc complète. Par suite, il y a de très grandes chances pour que le canal de Kiel soit mis hors de service. Il faudra seulement que le chef du corps expéditionnaire aille droit au but, sans la préoccupation de se ménager la possibilité d'un retour à la côte. Que, le coup fait, ces troupes soient battues et prises, comme il est

---

1. Nous entendons par « toilette militaire de la côte » les derniers préparatifs en vue de l'état de guerre : extinction des phares, enlèvement des bouées et balises, pose des lignes de

infiniment probable, peu importe, si l'objectif est atteint.

Pour la marine anglaise, l'opération se ramènera à masquer l'étroite côte allemande de la mer du Nord. Ce n'est rien. Non pas qu'il n'y ait aucun risque à courir : il y aura évidemment de la casse; il faut même prévoir un furieux corps-à-corps entre les flottilles adverses, car les Allemands chercheront à percer le rideau des *destroyers*, pour tomber sur les transports et sur leur escorte.

Mais la tâche de la flottille anglaise de couverture sera grandement facilitée par la proximité des deux seules bases de la contre-offensive allemande sur la mer du Nord [1], à savoir les bouches de l'Elbe (débouché du canal de Kiel) et la baie de la Jade (sortie de Wilhelmshafen). De la bouée de l'entrée de la Jade au bateau-feu de l'entrée de l'Elbe, la distance est de 4 milles, pas davantage. C'est une grande simplification pour le bloqueur.

Pour bloquer ces 17 milles de côtes [2], les Anglais disposeront, dès la première heure, d'au

1. L'amirauté allemande étudie, en ce moment même, la création d'une troisième base d'opérations pour les torpilleurs dans les bouches de l'Ems.

2. Comment, à ce propos, ne pas rappeler une des rares fautes de la politique anglaise, dans ces dernières années? Nous voulons dire la rétrocession à l'Allemagne de l'île d'Helgoland, sentinelle avancée de la côte de la mer du Nord, que

moins cent cinquante croiseurs, destroyers et torpilleurs. C'est plus qu'il ne leur en faut, *tant que l'Allemagne n'aura pas de sous-marins offensifs.*

***

Aux yeux de beaucoup d'officiers anglais, un débarquement offre le moyen d'agir sur le moral de l'adversaire, pour l'amener à tâter de la bataille rangée dans les conditions les plus défavorables pour lui. On peut, en effet, supposer que, soit sous la pression de l'opinion publique, soit par un effet de l'extrême nervosité de l'empereur, l'escadre cuirassée allemande recevra l'ordre de sortir quand même, pour appuyer la flottille. Dans ce cas, tous les atouts sont dans la main de l'Angleterre, qui aura l'avantage d'en finir d'un seul coup. Car, à supposer même que les navires allemands valent les navires anglais, ceux-ci auront sur ceux-là une supériorité numérique telle que le succès ne saurait être douteux un seul instant.

A l'heure où nous écrivions ce chapitre, les journaux étaient pleins du récit des manœuvres des escadres britanniques et l'*Agence Havas* nous signalait le rassemblement, dans la baie de Lagos, d'une flotte montée par 42 000 hommes d'équipages et composée de cinquante-sept navires cuirassés des derniers modèles, car tous ont été lancés postérieurement à l'année 1895.

Pour que chacun puisse contrôler la force de cette escadre, nous donnons ci-dessous les noms de ses unités de haut bord.

33 cuirassés d'escadre : *Albemarle, Canopus, Exemouth, Montagu, Swiftsure, Dominion, Magnificent, Victorious, Implacable, Prince-of-Wales, Ocean, Albion, Cornwallis, Glory, Prince-Georges, Triumph, Hindustan, Majestic, Bulwark, Irresistible, Queen, Vengeance, Cæsar, Duncan, Goliath, Russell, Commonwealth, King-Edward VII, New-Zealand, Formidable, London, Venerable, Hannibal.*

24 croiseurs cuirassés : *Dido, Antrim, Hampshire, Amethyst, Berwick, Drake, Minerva, Lancaster, Juno, Devonshire, Argyll, Arrogant, Cornwall, Essex, Venus, Leviathan, Topaze, Good-Hope, Roxburgh, Bedford, Cumberland, Diana, Darnavon, Suffolk.*

Or, cette flotte colossale [1], représentant un capital de 2 milliards 500 millions, avait pu être concentrée sans qu'il eût été nécessaire d'armer une seule unité de la flotte de réserve. Tous les bâtiments aux ordres de l'amiral Wilson faisaient partie de la flotte active et appartenaient aux escadres métropolitaines [2].

1. Colossale, par comparaison avec une autre flotte *de même nature*, avec la flotte cuirassée allemande par exemple. Mais impuissante et, alors, vrai colosse aux pieds d'argile, si on lui oppose la flottille des sous-marins offensifs préconisée par l'amiral Fournier.

2. Ces escadres ont été créées en 1905, suivant le plan général de réorganisation dû à lord Selborne et à l'amiral sir

Que pèserait, en face de cette moderne Armada, la modeste escadre allemande?

On voit donc que le débarquement sur la côte du Schleswig peut fort bien réussir, à la condition toujours de précéder la mobilisation allemande. Et d'autant plus aisément que la descente des troupes anglaises sera évidemment le signal d'une insurrection qui aura pour premier résultat d'empêcher la mobilisation de s'opérer dans les anciennes provinces danoises.

Cette dernière considération est loin d'être négligeable et on a certainement dû la faire entrer en ligne de compte.

N'oublions pas que le Schleswig et le Holstein ont été arrachés au Danemark par un scandaleux abus de la force brutale.

En ce qui concerne particulièrement le Schleswig, l'article 5 du traité de Prague (23 août 1866) permet de se faire une idée de la situation morale du pays. En voici le texte :

Art. V. — Sa Majesté l'empereur d'Autriche transfère à Sa Majesté le roi de Prusse tous les droits que la paix

---

maintien de l'amiral Fisher dans ses fonctions de premier lord technique de l'amirauté et la réalisation de son plan par le nouveau ministère font la preuve que, pour la marine, de même que pour les affaires étrangères, le cabinet libéral suit exactement la politique du précédent cabinet conservateur. Lord Tweedmouth est, à l'amirauté, le continuateur de lord Selborne, de même que sir Edward Grey est, au *Foreign*

de Vienne du 30 octobre 1864 lui avait reconnus sur les duchés de Schleswig et de Holstein, *avec cette réserve que les populations du nord du Schleswig seront de nouveau réunies au Danemark, si elles en expriment le désir par un vote librement émis.*

Or, cet engagement diplomatique, cette promesse solennelle ont été violés de la façon la plus impudente. Jamais les populations du Schleswig n'ont été appelées à se prononcer sur leur sort. Comme les populations de l'Alsace et de la Lorraine, elles ne sont prussiennes que par la force.

Ces choses-là ne s'oublient pas. La Prusse s'en apercevra tôt ou tard.

LA DESCENTE EN ANGLETERRE

L'Angleterre a toujours fait bon marché des règles du droit international. Son histoire nous offre d'innombrables exemples d'actes d'hostilité commis en pleine paix. Ce procédé est dans sa tradition et son tempérament. Les Japonais ont prouvé qu'elle venait de faire école. Les Allemands, frappés comme tout le monde des avantages que Togo a retirés de son attaque du 8 février 1904, ne sont-ils pas disposés à suivre son exemple ? Les verrons-nous employer, quelque jour, contre l'Angleterre, les procédés dont celle-ci usa si souvent, contre la France,

Ce qu'il faut bien se dire, c'est que l'unique chance de salut de la marine allemande, en cas de guerre, réside précisément dans le succès d'un coup de surprise *d'avant* la première heure.

On ne doit pas ignorer, à Londres, le merveilleux système d'espionnage[1] qui permet au kaiser de se tenir au courant, jour par jour, heure par heure, des moindres mouvements des forces anglaises de la mer du Nord et de la Manche.

Or, ce que l'état-major allemand peut et doit attendre d'un pareil service de renseignements, c'est évidemment l'occasion d'une offensive foudroyante par les torpilleurs.

Il n'est pas au-dessous de l'effort possible de la marine allemande de rassembler, à bonne portée de la côte anglaise, une centaine de torpilleurs et de contre-torpilleurs. Elle peut utiliser, dans ce but, la Jade et les bouches de l'Ems, les deltas de la côte des Pays-Bas, voire même les bouches de l'Escaut, où les Prussiens se considèrent comme chez eux.

Un écrivain très documenté, M. Marcel Schwob, a démontré, récemment, que le port d'Anvers était en train de devenir une colonie allemande. Nous savons, d'autre part, que l'influence du kaiser en Hollande a été assez forte pour imposer à la reine Wilhelmine un mariage allemand.

1. Ce système est combiné avec une organisation parfaite

Voilà des conditions éminemment favorables à la dissémination de la flottille, puis à sa concentration rapide en vue de l'ennemi.

Qu'une belle nuit, et peut-être même en plein jour[1], cette flottille apparaisse sur la côte anglaise, et toute escadre surprise par elle peut être considérée comme perdue.

C'est que les torpilleurs allemands, aucun marin ne l'ignore, outre qu'ils sont armés d'une torpille supérieure à la Whitehead, ont été portés au plus haut degré d'entraînement qui se puisse voir.

Tous ceux qui les ont vus ont pu constater que, même à grande vitesse, ils manœuvrent en rangs serrés, presque bord à bord, avec une précision extraordinaire. Leurs commandants sont pénétrés de leur devoir et des vraies conditions d'emploi de l'arme terrible qu'ils ont en mains; leurs instructions, du reste, sont formelles; ils ne lanceront pas leurs torpilles à 1 200, 1 500 et 2 000 mètres du but, comme firent constamment les Japonais; ils n'auront pas non plus, comme ceux-ci, la préoccupation de ménager le matériel; ils tireront à bout portant, c'est-à-dire vers 200 mètres, sans se soucier ni de leur peau ni du reste.

Dans ces conditions, nous le répétons, toute escadre anglaise surprise au mouillage est perdue.

---

1. A Tsu-Shima, les torpilleurs japonais ont donné en plein

Ajoutons que les instructions sur la tactique des torpilleurs allemands envisagent jusqu'à l'attaque d'une escadre en marche, de nuit *et de jour.* Même dans ce dernier cas, l'attaque est recommandée, si les torpilleurs sont en nombre suffisant ; il leur est seulement prescrit de s'engager dès l'aperçu de l'ennemi, sans la moindre hésitation, et de mener l'attaque à fond, en désespérés. On dirait que les auteurs du règlement allemand ont lu *et compris* Jurien de la Gravière qui, dans *Les Gueux de mer*, faisant allusion à la torpille, a écrit :

« L'engin de destruction ramassé sous un petit volume n'est vraiment à sa place qu'aux mains de désespérés. Si vous l'assujettissez au calcul, au soin de la sûreté personnelle, il trompera la plupart du temps votre espoir. Qu'il s'appelle brûlot ou torpille, c'est toujours un instrument de guerre à outrance. Confiez-le à un fanatique, patriote ou sectaire, vous le verrez rarement manquer son coup. »

Si donc la formidable escadre que l'Angleterre rassembla dans les eaux de Lagos commettait un jour l'imprudence de s'établir à bonne portée de la côte allemande, la masse de ses cinquante-sept navires cuirassés formerait la plus belle cible que des torpilleurs puissent rêver ! Il est même permis de dire que ceux-ci ne s'exposeraient qu'à des risques insignifiants, par comparaison avec le total des dommages qu'ils infligeraient à coup sûr à l'ennemi.

Sans doute, l'escadre anglaise sera gardée par la flottille des destroyers, car ces monstres d'acier sont si fragiles qu'on ne saurait les laisser sortir seuls; il leur faut de nombreux gardes du corps. Il y a donc lieu de prévoir le choc des deux flottilles, mais tout le monde sait que les torpilleurs allemands sont assez solides pour ne pas craindre de se mesurer avec les destroyers.

Si l'escadre anglaise de couverture a été suffisamment étourdie, les Allemands, à la faveur de ce coup de surprise, peuvent réussir un débarquement, car les plages non défendues de la côte britannique sont très nombreuses. Si, d'autre part, l'agresseur prend la précaution de diviser le travail de la mise à terre, si la descente s'opère sur deux ou trois points à la fois[1], les chances de succès augmentent. N'oublions pas que la capacité de transport des flottes de Brême et de Hambourg est énorme, que les brouillards sont très fréquents dans la mer du Nord et que la distance qui sépare les côtes d'Allemagne et d'Angleterre est si courte, que l'on peut, sans inconvénient, entasser les hommes sur les transports.

Les Prussiens ne se gênent d'ailleurs pas pour dire et pour écrire qu'avec leur puissante organisation militaire et la centralisation extrême de tous les services de l'armée entre les mains de l'état-major

---

1. La faiblesse de l'armée active anglaise autorise cette dispersion initiale, qui serait ailleurs une grave imprudence.

général, qui relève directement de l'empereur, il dépend de la volonté de celui-ci de réunir en quelques heures, secrètement, les effectifs de deux ou trois corps d'armée sur n'importe quel point du territoire de l'empire.

En prenant les garnisons des circonscriptions militaires de Kiel, Lubeck, Hambourg, Dantzig; en y joignant au besoin des contingents de celles de Cologne et de Coblentz, avec une ou deux divisions du corps de la garde de Berlin, on pourrait réunir, en huit heures, aux embouchures de l'Elbe et de l'Ems, une armée de 80000 hommes prête à embarquer en une nuit sur les grands vapeurs du « Norddeutscher Lloyd » et de la « Hamburg Amerika Linie ».

Les Allemands comptent que tout cela pourrait se faire sans que la moindre indiscrétion soit commise, car, l'État disposant de tous les chemins de fer, le secret sur la marche des trains serait gardé.

Il ne s'agirait plus que des approvisionnements en vivres et surtout en munitions, ainsi que du matériel d'artillerie. Mais tout cela pourrait être préparé et même embarqué avant que l'ordre de concentration ait été donné.

Tout ayant été préparé d'avance, les navires se trouvant à quai sous pression, les troupes embarqueraient la nuit au fur et à mesure de leur arrivée, en passant directement du wagon sur le paquebot.

On débarquerait de préférence en Écosse.

L'Écosse est un pays pratiquement dépourvu de

troupes, les villes n'y sont pas fortifiées, encore moins le littoral. Un débarquement pourrait s'y opérer à n'importe quel moment, par surprise, jusque dans les ports ouverts à la navigation.

D'après un officier prussien qui signe: M. von H..., il ne s'écoulerait pas trente-six heures entre le moment de l'ordre de concentration et celui du débarquement sur la côte écossaise, si telle était la volonté de Guillaume II.

Ce même officier estime avec raison que l'armée allemande, une fois débarquée, vivrait facilement sur le pays, frappant de contributions et rançonnant de mille manières les riches cités de Glasgow, Édimbourg, Leith, etc.

La flotte anglaise serait ainsi forcée à un blocus sévère des côtes du Royaume-Uni, pour empêcher une nouvelle descente de se produire sur un autre point. Pendant ce temps, la surveillance de la flotte de guerre allemande serait impossible, et les événements pourraient rapidement prendre une telle tournure que, d'après M. von H., l'Angleterre se verrait forcée de faire la paix avant même d'avoir été vaincue, dans son propre pays, en bataille rangée.

Et il ne s'agit pas là de projets en l'air, d'élucubrations hâtives. Non, le plan est parfaitement résolu, concerté, mûri. Les Anglais le savent bien et s'en préoccupent.

Le *Globe,* d'août 1902, montre la disproportion

due de ses côtes, il insiste sur l'importance du commerce maritime de Brême et de Hambourg. « Nous sommes, dit-il, le seul obstacle que puissent rencontrer les Allemands. La voie qu'ils ont prise rend un choc inévitable. L'empereur et ses conseillers veulent une flotte aussi puissante que l'armée. Il est certain qu'elle est bâtie pour l'offensive. Son rayon d'action le démontre. C'est nous qu'elle vise. »

Le même journal, un an plus tard, dénonce un autre danger. Il signale le grand nombre d'Allemands ayant accompli leur service militaire et qui se sont fixés en Angleterre, comme comptables ou garçons d'hôtel. « *Il ne paraît guère douteux que l'empereur projette l'invasion de notre pays et que ces 200 000 Allemands sont l'avant-garde toujours prête. On est fondé à les croire bien pourvus d'armes. Ils formeraient un danger dont on ne doit pas rire.* »

En 1905, lord Ellenborough et l'amiral Bowden-Smith reprennent l'avertissement à leur compte ; ils signalent les périls pouvant résulter de la présence, sur le sol anglais, d'une aussi nombreuse colonie allemande, spécialement dans le cas d'une descente par surprise [1].

Pour toutes ces raisons, on aurait tort de prétendre que l'Angleterre n'a rien à craindre de la marine allemande. Au contraire, celle-ci peut lui porter des

---

1 Combes de Lestrade, « L'Impérialisme allemand ». (*Le Correspondant*, 10 janvier 1906.)

coups terribles, pourvu seulement que le cabinet de Berlin soit bien résolu à fouler aux pieds toutes les règles du droit international et à faire la guerre sans déclaration préalable. Alors, sans aucun doute, même l'envahissement de la Grande-Bretagne est possible.

LE DÉBARQUEMENT EN PAYS NEUTRES

1° *Danemark.*

En résumé, dans les hypothèses que nous venons d'envisager, il s'agit surtout de savoir qui des deux adversaires préviendra l'autre et portera le premier coup.

Mais, si tout se passe correctement, si les hostilités sont précédées, d'abord d'une période de tension, puis d'une déclaration diplomatique, alors il n'y a plus de surprise possible et, tant que l'Allemagne n'aura pas de sous-marins, le succès de la marine anglaise ne fait aucun doute.

Pour ce qui est de l'opération spéciale du débarquement, aucun des deux antagonistes ne sera en mesure de l'exécuter. Même la flotte anglaise ne pourra y réussir sur la côte allemande proprement dite. Restent les hypothèses de débarquements exécutés en pays neutres, Danemark, Hollande, Belgique.

L'idée de prendre le territoire danois comme base

d'opérations avait été envisagée par l'état-major français en 1870. Le général Trochu, qui devait prendre le commandement du corps expéditionnaire, écrivait là-dessus, dans une note datée du 30 juillet 1870, les lignes suivantes :

« Depuis bien longtemps, je pourrais dire depuis l'événement de Sadowa, le sentiment public, inspiré par le bon sens public, exprime tout haut ses vues et ses espérances sur les résultats d'une entreprise militaire et maritime dans la Baltique, le cas échéant d'une guerre avec la Prusse.

« C'est, en effet, le seul moyen : 1° d'utiliser dans cette guerre la flotte française, qui, livrée à elle-même et à ses efforts spéciaux, ne peut rien tenter de sérieux, à son propre jugement, soit dans la mer du Nord, soit dans la Baltique ; 2° de faire dans cette guerre une part à la morale et à la justice, en dehors de l'intérêt français et avec le concours assuré de l'esprit public, en restituant à l'honnête et vaillant petit peuple danois une province danoise, le Schleswig, que les armées de deux grandes nations militaires lui ont iniquement et violemment arrachée, à la honte de la France et de l'Angleterre. »

Par malheur, le désarroi général ne permit pas de passer à l'exécution.

La première chose à faire était, évidemment, de s'entendre au préalable avec le Danemark, pour s'assurer de sa coopération et pour reconnaître l'étendue et la valeur de l'effort militaire et maritime dont il était capable. Or, neuf jours *après* la déclaration de guerre, le diplomate qui devait être chargé de cette négociation, M. le duc de Cadore, était encore à Paris!

C'est le samedi 23 juillet que le maréchal Lebœuf, ministre de la guerre, avait annoncé au général Trochu qu'il serait chargé du commandement du corps expéditionnaire. Le lendemain, au palais des Tuileries, les voies et moyens devaient être discutés devant l'empereur, les ministres intéressés présents.

Cette conférence eut lieu, en effet. Elle dura trois heures, mais nous savons qu'elle fut exclusivement remplie par une longue et très confuse discussion, dont l'objet était le commandement général des forces de terre et de mer dans la Baltique. La difficile question des personnes s'agitait, comme toujours, sous la question fondamentale des principes; l'éternelle rivalité de la guerre et de la marine se dressait là d'une manière particulièrement vive :

« A ce moment suprême, où chaque heure perdue peut décider de la destinée d'un empire, six longues journées s'écoulent avant la nomination du commandement en chef. Les questions d'amour-propre s'agitent, les convoitises se réveillent, les personnalités se dessinent. Le ministre de la marine, chargé d'organiser cette grande entreprise, ne veut céder à personne l'honneur de commander en chef. En attendant, les journées passent

« Le prince Napoléon, lui aussi, arrive avec son plan d'expédition; mais lui aussi veut commander en chef, prendre la direction générale des troupes de terre et de mer et ne relever que de l'empereur et du grand quartier général.

« Au sein du conseil, les ministres protestent. L'amiral Rigault de Genouilly combat ces prétentions. Mais, placé en face d'une question de portefeuille catégoriquement posée, il cède et consent à ce que, le prince ne prenant que le commandement des troupes de débarquement, la marine reste indépendante sous les ordres d'un vice-amiral[1]. »

Dans un livre qui parut dès le mois d'août 1871, le prince Napoléon s'est expliqué sur son attitude dans cette affaire; il y a même publié des extraits du rapport qu'il adressait à l'empereur pour lui démontrer la nécessité de l'unité de commandement.

« Sans une forte unité dans le commandement, disait ce rapport, les préparatifs seront lents et mal faits! L'expédition restera stérile, et la marine française se montrera aussi impuissante dans cette guerre que dans les précédentes[2]. »

---

1. *L'Amiral Bouët-Willaumez et l'expédition dans la Baltique*, par le lieutenant de vaisseau JULIEN (Paris, 1872, chez Plon).

2. *La Vérité à mes calomniateurs*, par le prince NAPOLÉON, août 1871.

2° Hollande et Belgique.

Il ne nous a pas paru inutile d'évoquer ces douloureux souvenirs, à l'heure où les questions qui s'agitaient il y a trente-cinq ans s'imposent de nouveau à l'attention publique.

Il est vrai que l'inévitable entrée en scène de l'Angleterre, dans la guerre de demain, simplifie beaucoup le problème du débarquement en Danemark. Mais, pour des raisons majeures, déjà indiquées dans le chapitre que nous avons consacré à l'étude des frontières des nations limitrophes de la France, ce n'est pas du côté de la Baltique que l'Angleterre sera le plus pressée d'intervenir. C'est en Hollande et en Belgique.

Écoutez, à ce sujet, les objurgations que le *Times* crut devoir adresser récemment aux deux petites nations riveraines des deltas du Rhin et de l'Escaut :

« La future grande guerre dans l'Europe occidentale, dit-il, qu'elle soit prochaine ou éloignée, *fournira à la Belgique l'occasion de donner la preuve suprême de la faculté de conduire ses destinées, de son caractère et de son courage*. Les grandes puissances sont comme la providence terrestre des petites nations. Elles aident celles qui se disent : « Aide-toi, le ciel t'aidera. »

« Cette guerre, quand elle viendra, sera pour les Pays-Bas une *question de vie ou de mort*. S'ils sont dignes d'eux-mêmes et de leur histoire, ils ne failliront à aucun devoir; *ils n'épargneront aucun effort ni aucun sacrifice pour rassembler et exercer le plus grand nombre de troupes de campagne que leur population et leurs ressources leur permettent de tenir sous les armes.* Ils doivent reconnaître que ce demi-million d'hommes, ou plus, qu'ils peuvent lever facilement, fera *pencher la balance* en faveur de leur indépendance comme nation, *à la fin d'une guerre épuisante.* Des nations qui sont incapables d'élever leur courage à la hauteur de leur devoir quand les circonstances l'exigent, ou qui ne veulent pas le faire, *sont indignes d'avoir un pays et un nom. On les voit passer sans regret sous le joug qu'elles ont préparé elles-mêmes de leurs mains débiles*(1). »

Seulement, à supposer même que les deux nations visées par le *Times* n'épargnent, effectivement, aucun effort ni aucun sacrifice, elles n'en seront pas moins hors d'état de résister *seules* à la formidable pression des armées prussiennes (2). Cela est de la dernière évidence. Il faudra donc les soutenir, et

---

1. Le *Times*, numéro du 31 janvier 1906.

2. Certains prétendent que la cour de Belgique est très favorable aux Allemands. *Le Journal* du 10 janvier 1906 a rapporté à ce sujet les termes d'une lettre adressée, en septembre 1870, par le roi Léopold au roi Guillaume, et qui se termine ainsi : « En écrasant à Sedan la dernière armée française, Votre Majesté s'est acquis une gloire impérissable, car Elle a non seulement sauvé l'Europe, mais la civilisation. »

comme la flotte n'y suffira pas, l'armée anglaise devra reprendre le chemin des « mornes plaines » où s'illustra Wellington.

Voilà le véritable objectif des corps d'armée que l'Angleterre jettera sur le continent.

CHAPITRE X

QUI DONNERA L'ORDRE DE MOBILISATION

A côté des problèmes de la technique militaire, une autre question s'est posée qui a fait couler des flots d'encre : *Qui donnera l'ordre de mobilisation ?*

L'article 9 de la loi constitutionnelle du 16 juillet 1875 dit :

« Le président de la République ne peut déclarer la guerre sans l'assentiment préalable des deux Chambres. »

Quelle est, au juste, la portée de cet article ?

Le rapporteur de la loi, M. Édouard Laboulaye, l'indique en ces termes :

« Sans doute, le chef de l'Etat, qui, suivant l'article 3 de la loi constitutionnelle du 25 février 1875, *dispose de la force armée*, a le droit et le devoir de prendre toutes les mesures exigées par les circonstances pour ne pas laisser surprendre la France par une invasion. Ce droit est plus nécessaire aujourd'hui que jamais. Nous ne voulons pas affaiblir une prérogative qui protège l'indépendance et l'existence même du pays. Ce que nous demandons, c'est que la France reste maîtresse de ses destinées, c'est qu'on ne puisse ni entreprendre ni déclarer la guerre sans son aveu. »

Voilà qui est clair.

Mais l'article 8 de cette même loi constitutionnelle est ainsi conçu :

« Le président de la République négocie et ratifie les traités. Il en donne connaissance aux Chambres aussitôt que l'intérêt et la sûreté de l'État le permettent. »

Le rapprochement de ces deux articles est bien fait pour nous jeter dans un abîme de perplexité.

D'une part, le président ne peut pas précipiter la France dans une guerre, sans le consentement préalable des Chambres.

D'autre part, il a le pouvoir d'engager la signature de la France, même pour un objectif de guerre offensive, sans le consentement et à l'insu des Chambres !

Ici, aucune restriction : le président est seul juge de l'opportunité de la communication des traités au Parlement.

Comment concilier cela avec le but que le législateur s'est proposé, à savoir que la France reste maîtresse de ses destinées ?

Est-ce que les Chambres, à un moment donné, ne sont pas exposées à se trouver en présence de la *carte forcée ?*

Ne vient-on pas, sans la moindre communication au Parlement, de remettre ses passeports au ministre de Vénézuéla à Paris et de le reconduire à la frontière? C'est un acte d'une extrême gravité, en raison surtout des ricochets dont ce conflit est susceptible [1]. Personne, cependant, ne connaît exactement le fond de l'affaire, et personne ne s'en inquiète!

Quoi qu'il en soit, et pour raisonner uniquement dans l'hypothèse qui préoccupe actuellement tous les esprits, nous dirons avec M. Édouard Laboulaye que le premier devoir du président est de prendre toutes les mesures exigées par les circonstances pour ne pas laisser surprendre la France par une invasion.

La question de fait doit dominer tout ce débat.

Nous ne serons jamais les agresseurs.

Nous serons attaqués *sans déclaration de guerre préalable.*

C'est entendu.

Mais les colonnes prussiennes ne sauraient se dissimuler au point de franchir la frontière inaperçues, même à la faveur de la nuit.

Sans parler du service de renseignements, dont l'importance est ici capitale et qui doit nous aviser de toute mise en marche d'unités un peu nombreuses, notre système de veille est parfaitement organisé depuis Mézières jusqu'à Belfort. Les commandants des corps d'armée de la frontière seront donc prévenus quelques minutes après que les Allemands

1. On sait le rôle de l'Allemagne dans l'affaire vénézuelienne.

auront pénétré sur notre territoire. Aussitôt, ils transmettront la nouvelle à Paris et, *sans attendre qu'on leur réponde*, feront procéder à la mobilisation par les voies et moyens dont ils disposent [1].

A Paris, pas de doute possible. Dès la réception de l'avis d'envahissement du territoire, le ministre de la guerre commence par mettre en marche tout le mécanisme de la mobilisation et en avertit, par téléphone, ses collègues du ministère et le chef de l'État. Celui-ci envoie son adhésion par la même voie.

Puis le conseil des ministres se réunit à l'Élysée, où le président régularise par sa signature l'ordre de mobiliser et adresse un message au Parlement, convoqué sur l'heure.

Dans ces conditions, rien n'est venu retarder la mise en œuvre des moyens de résistance à l'invasion du sol national.

Par suite, la déclaration officielle de la guerre n'est plus qu'une cérémonie d'ordre secondaire. Les Chambres peuvent en délibérer à loisir, surtout si l'agression prussienne a précédé l'action diplomatique de la Wilhelmstrasse.

Mobiliser n'est pas déclarer la guerre, et nous ne

---

1. En présence du caractère foudroyant de l'offensive allemande, quelques minutes de plus ou de moins ne sont pas à dédaigner, et le fait que notre frontière aura été enfoncée sur un point quelconque doit tenir lieu d'un ordre écrit de mobiliser, — au moins dans le voisinage de ce point.

mobiliserons jamais que dans le cas de légitime défense.

Toutefois, la situation de légitime défense peut exister pour nous en dehors même d'une agression directe et du forcement de la frontière. On doit prévoir telles éventualités où l'Allemagne mobiliserait par simple mesure préventive, au moins en apparence, pour être prête à tout événement [1], par exemple à l'ouverture de la succession d'Autriche, soit encore en cas de troubles graves en Belgique, d'une révolution en Russie, etc.

---

1. Événement qu'elle se chargerait, d'ailleurs, de faire naître à l'instant qui lui serait le plus favorable.

CHAPITRE XI

LES LÉGENDES DE LA GUERRE RUSSO-JAPONAISE

La guerre russo-japonaise a donné l'essor à un certain nombre de légendes qui, par un curieux hasard, visent toutes au même but : le maintien de la suprématie maritime de l'Angleterre par le moyen de la guerre d'escadres.

Ces légendes intéressées ont été répandues et soigneusement entretenues d'abord à coups de câblogrammes expédiés aux quatre coins du monde par les grandes agences qui exercent, en fait, le monopole de l'information, et qui, toutes, sont aux mains des Anglo-Saxons. Nous avons eu ensuite le spectacle d'une floraison littéraire sans précédent, livres, brochures, rapports, articles de journaux et de revues, etc.

Le mouvement, qui dure encore, a pris naissance sur les bords de la Tamise, puis il a émigré en Amérique, d'où le prophète Mahan s'est chargé de le faire passer sur notre vieux continent.

C'est que l'alarme avait été vive!

Songez-y donc :

Le petit coup de torpille du 8 février 1900, qui décida du sort de la campagne sur mer, risquait de faire apparaître, aux yeux des pires aveugles, la possibilité pour les flottilles de détruire les plus fortes escadres.

C'était la ruine de toute la doctrine anglaise, l'effondrement du colossal empire de la mer.

Il fallait donc réagir au plus vite; il fallait donc travestir la vérité. Mahan et ses disciples s'y employèrent de leur mieux.

Toutefois, en dépit des efforts les plus obstinés et les moins scrupuleux, en dépit, même, du puissant secours financier que le syndicat international de l'acier apportait aux tenants de la guerre d'escadres, l'opinion se montrait réfractaire. Elle ne voyait, en effet, que cuirassés désemparés, coulés, perdus corps et biens à coups de torpille, et pas un seul à coups de canon. Dans de telles conditions, il était très difficile de l'amener à conclure à la faillite de la torpille et à la gloire du cuirassé !

Par bonheur, le jour se leva sur la bataille de Tsu-Shima...

Et le monde entier, stupéfait, apprenant que l'escadre de Rodjestvenski n'existait plus, connut en même temps que les plus gros cuirassés russes avaient été coulés, cette fois, non plus par la torpille, mais par la grosse artillerie de Togo, tirant à d'énormes distances...

L'Angleterre respira.

Cependant, si le désastre n'était que trop réel, il s'en fallait du tout au tout que ses causes fussent celles que l'on indiquait...

Mais ça prenait tout de même! Tant les cerveaux de la gent maritime, en tous pays, sont hypnotisés par la conception anglaise de la guerre navale, tant les principaux organes de la publicité mondiale sont à la dévotion du *trust* des blindages!

En France, ce fut de la frénésie... Il n'y eut pas assez de cailloux pour lapider les malheureux qui, à la veille de la discussion d'un nouveau programme, combattaient les cuirasses lourdes, les pièces monstres, les déplacements énormes...

Et, à ce propos, on ne saurait rien imaginer de plus déconcertant que la discussion du budget de notre marine, cette année, en tout ce qui touche le programme de la flotte. Nous avons suivi ces débats avec le plus grand soin, nous avons sauté des discours de l'un à ceux de l'autre, passé de l'exaltation du cuirassé géant à celle du croiseur bardé de fer et armé de canons monstres, trouvé partout la glorification du gros calibre, de la cuirasse épaisse, du tonnage indéfini, et nulle part une voix de protestation contre cet égarement de l'opinion parlementaire!

N'est-ce pas le rapporteur de la commission du budget, l'honorable M. Charles Bos, qui a écrit les stupéfiantes lignes que nous allons reproduire?

« La nouvelle tactique adoptée par Togo est une vraie révolution. Les batailles navales deviennent de plus en plus de simples combats d'artillerie à grande distance. En tirant à 8000, 7000 et à 6000 mètres, Togo est arrivé à désemparer les navires russes qui lui étaient opposés. Donc il ne s'est guère servi que de ses grosses pièces. *D'où résulte d'une façon éclatante la supériorité du grand cuirassé fortement armé et protégé. L'artillerie moyenne a vécu.* »

On croit rêver en lisant de pareilles choses! Car enfin, tout cela est exactement le contraire de ce qui s'est passé à Tsu-Shima.

Ce n'est pas Togo qui a tiré aux grandes distances dont parle M. le rapporteur de la marine, c'est Rodjestvenski, et naturellement ce tir a été inefficace.

Togo n'a ouvert le feu qu'à partir et en dedans de 6000 mètres, et en se rapprochant constamment.

Et de quelle artillerie s'est-il servi surtout? De sa moyenne artillerie. Il n'avait, en effet, que 17 grosses pièces pour 190 pièces moyennes.

Ce sont les Russes qui avaient la supériorité de grosse artillerie : 45 pièces, pour seulement 111 pièces moyennes.

Écoutez, là-dessus, un officier de marine qui a pris la précaution de lire le rapport officiel de l'amiral Togo :

« Il est évident, écrit-il, que les grosses pièces des Japonais n'ont contribué que d'une façon secondaire à leur succès. *Ce succès, ils le doivent à leur artillerie moyenne à tir rapide,* c'est-à-dire à leurs 20 % et leurs 152 %, dont les projectiles, à partir du moment où le feu a été ouvert, sont tombés sur les malheureux bâtiments russes en rafales ininterrompues. Certes, les cuirasses de ces derniers bâtiments n'ont pas souffert, mais les dégâts ont été effroyables à l'intérieur, partout où l'absence de cuirasse a permis aux obus explosifs de pénétrer, *et il y a eu* SURTOUT L'EFFET MORAL *de projectiles explosant sans discontinuer à bord, affolant tout le monde par leurs explosions, soit intérieures, soit extérieures, et empêchant par cela même tout réglage, toute direction efficace du tir* (1). »

Et voilà d'où résulte, d'une façon éclatante, la supériorité du grand cuirassé!

Et voilà comment l'artillerie moyenne a vécu!!

Mais l'honorable M. Charles Bos ne se déconcerte pas pour si peu. Il revient à la charge et s'enfonce dans l'erreur avec une sorte de béatitude :

« On a beaucoup discuté, répond-il dans son rapport, sur cette sorte d'effroi, de stupeur véritable qui s'est emparée des équipages russes en voyant, dès les premières minutes du combat, les ponts de leurs navires balayés par un ouragan de feu, les morts et les blessés tombant par centaines(!), les

1. « La Vraie leçon de Tsu-Shima », par un officier de marine. (Le *Courrier européen,* numéro du 8 décembre 1905.)

superstructures tout de suite détruites. Et on a dit : Voilà l'effet moral produit par la moyenne artillerie.

« Erreur complète (!!). La moyenne artillerie n'est intervenue qu'à la troisième phase de la bataille, alors que les Japonais s'étaient rapprochés des Russes de 2 500 à 3 000 mètres. Mais toutes les catastrophes, toutes les avaries, la plupart des pertes en hommes avaient été causées dans le tir à grande distance, par les obus de 305 et de 254. Et l'ouragan de feu s'explique très simplement par ce fait que tous les navires japonais concentraient leur feu sur les mêmes navires russes, en premier lieu sur ceux des têtes de colonne; ensuite sur chacun des cuirassés de Rodjestvenski, pris l'un après l'autre. On remarquera qu'ils ont employé cette même méthode dans toutes les rencontres de la guerre et notamment à celle du 10 août, par exemple : le *Césarévitch*. On sait aussi que les Japonais y ont toujours eu recours surtout contre les armées de Kouropatkine.

« Il va de soi que huit bateaux, tirant avec d'énormes pièces chacun sur deux navires ennemis, produisent une intensité de tir vraiment effrayante et *que les obus (de 305!) tombent sur ces derniers sans interruption* (!!). »

A ces considérations stupéfiantes, il n'y a qu'une chose à répondre, c'est que n'ayant dans son escadre que 16 canons de 305 et 1 de 244, tirant un coup à la minute, Togo eût été un bien triste tacticien s'il avait attendu la troisième phase du combat pour se servir de ses 160 pièces de 152 % et 30 de 20 %, tirant chacune huit coups par minute.

En fait, le duel d'artillerie qui a décidé du sort de la rencontre n'a pas duré une demi-heure. Et il y a eu une interruption de tir (1)!

Au point de vue de l'emploi des cuirassés, les conclusions à tirer de la bataille de Tsu-Shima diffèrent totalement de celles qui ont été accueillies, sans le moindre contrôle, par la Chambre des députés. Les voici :

1° Il ne faut rien négliger à bord des bâtiments de combat, tant pour le *matériel* que pour le *personnel,* pour pouvoir avoir, à un moment donné, la plus grande rapidité de tir possible. C'est la rapidité du tir qui a donné la victoire aux Japonais, car leur tir a été foudroyant; *d'après des témoins oculaires,* il a été, *au moins, trois fois* plus rapide que celui des Russes, ce qui n'a rien d'étonnant, parce que l'armement des quatre plus belles unités de ces derniers était en *pièces jumelées,* et tout le monde sait qu'à cause de la gêne qu'ont les servants dans les tourelles doubles, le tir des pièces jumelées est très lent.

2° Contrairement à ce qu'a dit M. Charles Bos, c'est une faute de commencer le tir à une *distance*

---

1. Rapport officiel de l'amiral Togo.

trop grande. Les Russes l'ont fait et ont ainsi gaspillé, au commencement du combat, une bonne partie de leurs munitions, tandis que les Japonais ont attendu d'être en dedans de 6 000 mètres pour ouvrir le feu; mais aussi ils l'ont fait alors en *rafales ininterrompues*. Voilà la *vraie tactique* appliquée par Togo à la bataille de Tsu-Shima, et elle était toute nouvelle, du moins pour lui, puisque dans les combats antérieurs, et notamment dans la bataille du 10 août 1904, il avait toujours commencé l'action à des distances *considérables*. La raison en était bien simple; il voulait alors, *avant tout*, avoir le moins de dommages possible, parce qu'il n'avait pas beaucoup d'unités à ce combat et qu'il tenait à les conserver *intactes;* mais, quand il a eu devant lui la *dernière* flotte que les Russes pouvaient envoyer en Extrême-Orient, il a très justement compris qu'il fallait alors faire de la *destruction de son ennemi* son principal objectif; peu lui importait de risquer le sort de quelques-uns de ses bâtiments; par le fait, il n'a rien risqué du tout, puisque aucun n'a été mis hors de combat.

3° Les bateaux *démodés* n'ont pas de place dans une armée navale sérieuse et, loin d'être une aide, ils sont une entrave pour le corps principal de bataille. Tel a été le cas pour les cuirassés russes *Nakhimoff, Nicolas I, Apraxine, Seniavine, Oushakoff*, dont le rôle a été plutôt nuisible dans la bataille de Tsu-Shima. En réalité, les Russes n'avaient que sept bâtiments de combat dignes de ce nom; d'un côté le *Souvaroff*, l'*Alexandre III*, le *Borodino*, l'*Orel*, unités tout à fait modernes, de l'autre l'*Osliabia*, le *Sissoi-Veliki*, le *Navarin*, inférieurs aux premiers, mais capables encore de faire figure dans un combat.

4° Dans le combat d'escadres, il ne faut pas hésiter à faire donner aux bâtiments toute la vitesse qu'ils sont susceptibles de donner, mais sous la réserve que les manœuvres et évolutions d'escadre ne deviennent pas *dangereuses* par suite d'excès de vitesse. Togo a adopté la vitesse de *15 nœuds* pour son escadre; il aurait pu aller jusqu'à *16*, car à *16 nœuds encore*, une escadre est manœuvrante et bien dans les mains de son chef. Or, pour avoir une vitesse *d'escadre* certaine de 16 nœuds, il faut une réserve de vitesse de *2* ou *3* nœuds, autrement les bâtiments de l'escadre s'égrèneraient fatalement; d'où les conclusions que pour des bâtiments qui doivent manœuvrer *en escadre*, c'est-à-dire *ensemble*, il est inutile de chercher une vitesse d'essais supérieure à *19 nœuds*, vitesse qui coûterait *très cher* et qu'on ne peut obtenir qu'au détriment d'autres qualités *importantes* (1).

Si la bataille de Tsu-Shima a montré la supériorité de l'artillerie moyenne sur les canons monstres, s'ensuit-il que, dans cette rencontre, la torpille ait

1. *La Vraie leçon de Tsu-Shima*, déjà cité.

joué le rôle effacé que nos anglomanes ont tenu à souligner avec tant d'acharnement ?

Pas du tout.

La vérité est qu'à Tsu-Shima, la torpille a joué le rôle décisif. C'est elle qui a prononcé le mot de la fin.

Oui, sans doute, les cuirassés de Rodjestvenski ont été « chauffés à blanc » par la moyenne artillerie des cuirassés et des croiseurs japonais[1]. Mais ce duel d'artillerie ne nous conduit que jusqu'à 2h 45 de l'après-midi.

Or, à cette heure-là, tous les cuirassés russes flottent encore, tous sont en ligne, pas un seul n'a été coulé par le canon[2].

C'est alors, mais alors seulement, que se produit l'attaque des torpilleurs japonais. Et c'est elle, c'est cette attaque *en plein jour* qui amena la perte, corps et biens, des plus gros cuirassés russes.

Les Anglais eux-mêmes, s'ils se sont bien gardés de tirer les conséquences du fait, ont cependant été obligés d'en reconnaître l'exactitude.

D'après le *Naval Annual* de lord Brassey, édition de 1905, c'est vers 2h 45 de l'après-midi que

1. A Tsu-Shima, Togo n'avait que quatre cuirassés.

2. Il n'y a doute que pour l'*Osliabia*, dont le chavirement est peut-être dû à l'artillerie moyenne. Ce qui laisserait encore à l'actif de la torpille, comme on va le voir, la destruction de huit cuirassés sur neuf.

Togo se décida à faire intervenir ses divisions de contre-torpilleurs. Le résultat fut décisif.

A 3 heures et quelques minutes, l'*Amiral-Nakhimoff*, torpillé, coulait par le fond. Puis ce fut le tour de l'*Osliabia* et du *Souvaroff*. Ce dernier fait le tour sur lui-même et se renverse la quille en l'air. Le *Navarin* et le *Sissoi-Veliki* sont également coulés par les contre-torpilleurs.

Nous arrivons ainsi au coucher du soleil. Les contre-torpilleurs sont alors renforcés par les simples torpilleurs et ceux-ci se jettent sur les cuirassés survivants « comme une nuée de sauterelles ».

Ce fut la fin.

Avant la nuit complète, le *Borodino*, sur lequel Rodjestvenski avait transporté son pavillon [1], et l'*Alexandre III* sombrent à leur tour sous les coups des torpilles.

A noter que, dans cette troisième phase de la bataille, les cuirassés et les croiseurs japonais, s'étant rapprochés jusqu'à environ 2 500 mètres, firent alors usage de leurs tubes de lancement [2]; les torpilles

---

1. Quand il jugea la situation intenable sur le *Borodino*, Rodjestvenski, sous prétexte d'une blessure, se sauva sur un contre-torpilleur, pour échapper au sort de ses officiers et de son équipage. Nous ne croyons pas qu'il y ait d'autre exemple d'un acte pareil dans toute l'histoire maritime du monde.

2. On lit dans le rapport officiel de l'amiral Togo : « La principale escadre changea aussi de direction, en venant de 16 quarts sur tribord, suivie par les croiseurs cuirassés; elle

de ces grands bâtiments vinrent donc s'ajouter à celles lancées par les torpilleurs.

Ainsi donc, ce n'est pas seulement avant Tsu-Shima que la torpille a eu les honneurs de la guerre, c'est à Tsu-Shima même.

Le prétendu triomphe du blindage épais et de la grosse artillerie est absolument contraire à la réalité des faits.

« La bataille de Tsu-Shima a d'abord consacré, de la façon la plus éclatante, la faillite du cuirassement, au degré où il est parvenu aujourd'hui, contre tout bon sens. Si l'on est sincère, aucune subtilité n'est possible : le *cuirassement exagéré* s'est révélé, ce que l'on savait depuis longtemps, l'appareil de chavirement le plus perfectionné pour tout navire ayant une blessure capable de modifier sa flottabilité ou son assiette. Ce poids énorme, qui atteint *presque le tiers du déplacement total*, suspendu, pour la plus grande part, aux flancs du navire, à une hauteur voisine de celle de son centre de gravité, met le bâtiment dans la situation d'équilibre instable la plus dangereuse, dès qu'intervient le moindre trouble dans son assiette. C'est là le vice rédhibitoire du cuirassement anormal ; plus on étendra la cuirasse et plus on lui donnera de l'épaisseur,

---

poursuivit l'ennemi qui battait en retraite en l'accablant sous son feu et en lançant également des torpilles lorsque l'occasion s'en présentait. »

comme le demande M. de Lanessan, plus on accroîtra la valeur de ce vice initial[1].

« Ainsi, il n'est que vrai de dire que l'artillerie moyenne et la torpille auraient suffi à assurer aux Japonais une victoire complète. Il serait donc sage de s'en tenir à adopter les armes qui suffisent à donner le succès.

« Notre conviction profonde est que notre puissance maritime retrouvera une nouvelle jeunesse le jour où elle s'affranchira du monstrueux machinisme industriel qui l'alourdit et l'épuise, en ne lui donnant que les apparences de la force. Nos navires sont devenus si lourds et si onéreux que la plus grande part de leur existence se passe au mouillage.

« *Qu'on y prenne garde ; le mouvement qui a lieu en faveur des tonnages monstres marque une régression. Le gigantisme n'est pas le fait d'un organisme*

---

1. On a dit encore que le chavirement instantané des magnifiques cuirassés de Rodjestvenski était dû à la présence de 1500 tonnes de charbon en approvisionnement dans les parties hautes. La presse adopta l'explication avec enthousiasme ; personne ne songea à calculer le cube d'encombrement de cette quantité de charbon pour examiner ce que pouvait valoir une semblable opinion. Le capitaine Klado, qui est un professionnel, n'a pas osé, dans son livre où il recherche cependant toutes les raisons d'atténuer pour les Russes le côté douloureux de la débâcle, faire emploi d'une pareille hypothèse. Il la combat même avec vivacité. Il est bon de citer enfin M. de Lanessan lui-même sur cette question : « Avec tous les cuirassés actuels, nous dit-il, le chavirement doit être un fait à peu près constant. »

sain et vigoureux ; il relève de la pathologie. En tous cas, c'est une preuve irrécusable que le sens marin a presque totalement disparu[1]. »

***

En résumé :

Il n'est pas vrai, qu'à Tsu-Shima, on se soit battu, ce qui s'appelle se battre, c'est-à-dire *échanger* des coups, au delà de 6 000 mètres.

Il n'est pas vrai, qu'à Tsu-Shima, la grosse artillerie ait eu le mérite de couler aucun bâtiment.

Il n'est pas vrai, qu'à Tsu-Shima, le rendement de l'artillerie moyenne ait été inférieur à celui des pièces monstres.

Il n'est pas vrai, qu'à Tsu-Shima, la cuirasse ait sauvé un seul bâtiment de la destruction.

Il n'est pas vrai, qu'à Tsu-Shima, la torpille ait joué un rôle moindre que dans la première partie de la guerre.

C'est exactement le contraire de tout cela qui est vrai.

***

Mais il est une dernière légende dont il importe de faire également justice. C'est la croyance, habi-

1. « Le programme naval en France », par Jean Noris. (*Le Courrier européen*, numéro du 9 mars 1906.)

lement répandue, que, si les Russes ont fini par perdre la partie, c'est faute d'avoir battu l'escadre de l'amiral Togo.

Or, il n'est personne qui le puisse nier : la défaite de nos amis et alliés a eu pour cause dominante : *le défaut de préparation de l'armée de Mandchourie.*

Ce défaut de préparation a tenu lui-même à trois raisons principales :

1° La corruption inouïe de l'administration russe, tant civile que militaire, à tous les degrés de la hiérarchie ;

2° L'insuffisance du débit de l'unique voie du chemin de fer transsibérien ;

3° L'incapacité du haut commandement.

Si l'armée de Mandchourie avait été prête, comme elle aurait pu et dû l'être, l'influence de l'action navale sur le sort de la lutte eût été à peu près nulle.

C'est le défaut de préparation des armées de la Russie qui a permis aux flottes du Japon de jouer un rôle dans cette guerre.

En quoi, par exemple, les escadres de l'amiral Togo auraient-elles pu retarder le moment pour le Japon de demander la paix, si Kouropatkine avait flanqué Oyama à la mer et occupé la Corée jusqu'au détroit de Tsu-Shima?

On aurait vu, alors, l'impuissance de la mer contre la terre, quand les armées, comme c'était le cas des armées russes, n'ont aucun besoin des flottes pour se ravitailler et recevoir leurs renforts.

Si la Russie avait employé à la préparation des armées de Mandchourie les millions qu'elle a engloutis, par centaines, dans les flancs de quelques cuirassés, la face des choses eût été changée[1].

---

1. Au moment où nous corrigeons les épreuves de ce volume, paraît à la librairie Chapelot le nouvel ouvrage de M. Alfred Duquet, *la Faillite du Cuirassé*. Nous ne saurions trop en recommander la lecture. Impossible d'accumuler plus d'arguments et de preuves, impossible de crever plus complètement les sophismes des partisans du cuirassé et de la guerre d'escadres. En stigmatisant les faussaires, en rétablissant la vérité, en montrant que la torpille peut détruire et a effectivement détruit les colosses les plus formidables en apparence, M. Alfred Duquet rend un très grand service à notre pays. Puisse-t-il être entendu !

CHAPITRE XII

LA FRANCE ET L'ALLEMAGNE SUR MER
RÉSUMÉ ET CONCLUSIONS

« Pour la première fois dans son histoire, la France cherche dans une direction toute nouvelle le critérium des forces navales nécessaires à sa sécurité. Au lieu de regarder vers l'Angleterre, elle regarde vers l'Allemagne ; au lieu de fixer les yeux sur le Rhin, elle commence à les fixer sur l'embouchure de l'Elbe et l'entrée du canal de la Baltique. *C'est là un fait d'une importance capitale.* »

Quand le *Times* du 25 février 1905 publiait ces lignes, on pouvait douter encore, on pouvait encore espérer que le grand journal anglais prenait son désir pour la réalité.

Après la discussion qui vient d'avoir lieu à la Chambre, le doute n'est plus permis.

Méconnaissant à la fois l'incomparable valeur stratégique de nos côtes et l'importance de la révolution produite par l'entrée en scène du sous-marin offensif, nous nous inclinons devant la supériorité supposée indestructible de la marine anglaise et nous allons jeter plus d'un demi-milliard dans la préparation de la guerre *d'escadres* contre l'Allemagne, c'est-à-dire contre un adversaire continental, qui ne peut être atteint et qui ne nous menace vraiment que sur terre.

Et cela, à quelle heure?

A l'heure où la situation européenne commande de concentrer toutes nos ressources et toutes nos énergies sur l'armée de terre.

A l'heure où la première puissance navale du monde, se solidarisant avec nous contre le danger commun, nous débarrasse de tout souci maritime du côté allemand.

A l'heure, enfin, où les expériences décisives de l'*Aigrette* ont permis à l'amiral Fournier d'assurer que ce type de bâtiment, *en nombre suffisant*, peut, et peut seul, nous donner demain, économiquement et à coup sûr, la prépondérance dans les mers qui baignent nos côtes : mer du Nord, Manche, Atlantique nord, Méditerranée.

On ne saurait tourner plus complètement le dos à la réalité. On ne saurait tenir moins de compte des nécessités de la situation européenne [1].

Si, comme nous l'espérons bien, l'écrivain anglais que nous avons cité est encore de ce monde, nous ne serions pas surpris d'apprendre qu'il a changé

---

1. Nous pourrions invoquer encore les nécessités financières et le déficit actuel du budget de l'État.

d'avis et que son imprudente joie du mois de février 1905 a fait place à une véritable anxiété.

Car, à mesure que se précisent et s'aggravent les risques d'un conflit européen, l'Angleterre s'aperçoit de plus en plus que tout le poids de la guerre reposera sur les armées qui s'entrechoqueront dans la vallée du Rhin.

*
* *

Dans une lettre adressée au journal *l'Éclair*, un officier supérieur de notre marine a résumé, en excellents termes, l'idée que nous avons défendue au cours du présent volume :

« Nous marchons comme si nous avions les yeux bandés, dit-il, sans savoir où nous voulons aller, car, quelle que soit la solution adoptée, *nous aboutissons toujours à une flotte identique à celle que nous avons aujourd'hui :* disparate, bonne à remiser à la première tourmente sérieuse.

« Le problème n'est pas, en effet, de construire des bateaux, de les amalgamer, suivant des principes généralement admis, en une ou plusieurs escadres donnant au pays l'*illusion* d'avoir et d'être une puissance navale.

« Non.

« Le problème est de trouver la flotte répondant rigoureusement à des besoins nettement définis.

« Or, pour construire une flotte qui ait sa raison

d'être, il faut d'abord savoir quel rôle nous entendons jouer dans le monde et si nous voulons conserver intact le patrimoine disséminé un peu partout et très important dont nous avons hérité de nos aînés.

« *Ces points fixés, la question budgétaire intervient.*

« *Il faut déterminer exactement les crédits nécessaires à la force militaire que comporte notre politique extérieure, puis répartir ces crédits entre la guerre et la marine.*

« *Ce sont là toutes questions primordiales qui relèvent exclusivement du Parlement, questions qu'il n'a jamais abordées de front et qu'il se doit cependant d'étudier, de trancher, sous peine de faire œuvre vaine tout en ruinant le pays et l'exposant aux pires désastres* (1). »

C'est la vérité vraie. Ces questions primordiales, vitales, jamais le Parlement, ni personne à sa place, ne les a abordées *de front*.

Un ministre de la défense nationale, réunissant dans ses attributions la guerre et la marine, pourrait le faire, ou, à son défaut, un grand conseil défensif, composé à la fois d'hommes d'État et d'officiers généraux des armées de terre et de mer.

Un tel conseil, puisqu'on ne paraît pas vouloir en venir à l'unité de direction, un tel conseil ne man-

---

1. Commandant E. Dupourqué, Lettre au journal *l'Éclair*, numéro du 10 octobre 1903.

querait pas de poser d'abord en principe cette vérité que l'amiral Réveillère a si fortement exprimée quand il a dit :

« *Modérons nos ambitions maritimes...*

« *Notre premier devoir — ce devrait être notre idée fixe — doit être de régler notre compte avec l'Allemagne, pacifiquement, s'il se peut.*

« *Mais, sous peine d'être le dernier des peuples, nous devons envisager avec courage la dure nécessité d'un règlement par les armes...*

« *De toutes façons, nous ne devons jamais oublier que le devoir et le péril sont à l'est.* »

Oui, le devoir et le péril sont à l'est, exclusivement à l'est [1], et c'est pourquoi la construction d'une inutile flotte cuirassée méconnait ce devoir, aggrave ce péril, car le moins que l'on en puisse dire, c'est que les centaines de millions qui vont s'engloutir là seraient infiniment mieux employés à la préparation de la guerre sur les Vosges.

Nous fermons les yeux à l'évidence. Nous ne voulons pas voir que, tant que l'Europe ne connaîtra pas la paix — car la guerre à coups de canon ou à coups de milliards, c'est tout un, au point de

---

1. « Tant que notre diplomatie est à la remorque ou à la discrétion de M. de Bismarck, tant que l'Alsace et la Lorraine restent écrasées sous le talon du vainqueur, tant que la force prime le droit, nous ne devons avoir qu'une pensée, qu'un but, qu'un ennemi : l'Allemagne ! » (Alfred DUQUET, chronique politique de la *Nouvelle Revue*, 1885, tome XXXVII, page 887.)

vue de la civilisation, — tant que durera l'actuelle incertitude du lendemain, « la France est condamnée à conserver à sa puissance militaire un caractère essentiellement continental » ([1]).

*
* *

Pendant la discussion du budget de la guerre à la Chambre des députés, M. Klotz, rapporteur, a insisté sur les retards apportés dans l'exécution du programme adopté, en 1900, pour reconstituer notre matériel de guerre et nos approvisionnements de réserve.

Depuis 1871 jusqu'à 1900, en trente années, nous avions dépensé pour ce double objet une somme globale de 3 milliards 416 millions, soit un chiffre minimum moyen de 100 millions par an. Mais, en 1900, alors que nous nous trouvions en présence d'un programme de 970 millions ([2]) qui, à la vitesse antérieure, aurait dû être réalisé en dix ans, nous voyons que l'exécution a été menée de telle façon qu'il faudrait, à la vitesse des cinq dernières années :

Vingt et un ans et demi pour réaliser le programme de l'artillerie;

Vingt-six ans et demi pour réaliser le programme du génie;

1. Capitaine G. Mocu, ouvrage déjà cité.
2. Plus 22 millions pour Bizerte.

Quatre-vingt-dix-neuf ans en ce qui concerne les subsistances;

Et trente-sept ans en ce qui concerne l'habillement.

Oui, nous avons sur ce programme de 971 millions dépensé, en cinq ans, 206 millions seulement; au lieu des 100 millions en moyenne annuelle dont je parlais tout à l'heure, nous n'avons dépensé que 40 millions par an; et encore faut-il observer que si nous avons dépensé 40 millions en moyenne pendant cette période, dans les trois dernières années nous n'avons dépensé que 33 millions, 32 millions et 28 millions, *soit 70 millions environ de moins par an que ce qui eût été nécessaire pour parfaire notre état de défense* et répondre aux exigences du programme de 1900.....

Mais il faut examiner la force militaire d'un pays non pas seulement en soi, mais relativement à la force des rivaux possibles; et ici nous constatons que, pendant que nous réduisions les dépenses de la 3e section jusqu'à les faire tomber à 28 millions, chiffre inférieur de 72 millions au chiffre moyen des trente années précédentes, l'Allemagne au contraire accentuait son effort.

Nos dépenses extraordinaires en 1904 sont dans la proportion de 1 à 3 par rapport à celles de l'Allemagne; en 1905, elles sont dans la proportion de 1 à 5 (1).

Ici, l'orateur montre que ce n'est pas à cause de la réfection du matériel de l'artillerie allemande que

---

1. Discours de M. L. L. Klotz, rapporteur du budget de la guerre.

ce phénomène se produit. Il prend comme exemple les dépenses de fortification.

En principe, la fortification doit être plus activement poussée dans un pays qui est dans une situation défensive. Or, combien, sur les chapitres de la 3e section, exclusivement réservés à la fortification, avons-nous dépensé dans les cinq dernières années? Exactement 3800000 fr. par an, soit 19 millions en cinq ans.

L'Allemagne, qui est vis-à-vis de nous dans une situation d'offensive, a dépensé par an, en moyenne, pendant cette même période, rien que pour les fortifications, 22500000 fr. soit 122 millions et demi en cinq ans.

C'est encore la proportion de 1 à 5.

Ainsi donc, sur terre, depuis 1900, nous nous privions du nécessaire, de l'indispensable. Nous ralentissions notre effort; nos ennemis accentuaient le leur. A un tel point que les dépenses allemandes de préparation à la guerre atteignaient, en 1905, exactement le chiffre de 136560364 fr., alors que les dépenses correspondantes n'étaient, en France, que de 26917150 fr.

Et pendant ce temps-là, pendant que nous perdions de vue l'objectif suprême, nous jetions froidement à la mer les millions par centaines.....

Bref, pour me servir de la pittoresque expression de l'amiral Réveillère, nous imitions ce fils de famille qui, pour se faire construire des villas, hypothèque le vieux manoir de ses ancêtres!

Résultats :

Quand, au mois de juin 1905, le coup de théâtre de Tanger nous mit à deux doigts de la plus terrible agression, l'armée française n'était pas prête : elle manquait d'une foule de choses utiles, voire même indispensables, à commencer par les munitions[1].

Il est vrai que, par une sorte de compensation étrange, nous pouvions montrer sur nos chantiers, ou en achèvement à flot, une douzaine de navires de haut bord, d'un prix de revient supérieur à 350 millions, et qui, si la guerre avait éclaté, n'eussent pas retardé d'une heure la défaite et la ruine de la patrie.

Et nous voilà à la veille de recommencer!...

Il y aura, toutefois, une différence : l'escadre nouvelle (et cependant toujours identique) coûtera beaucoup plus cher que la précédente. Car nous ne payions les cuirassés du programme de Lanessan que 35 millions la pièce, tandis que le prix de chaque unité du programme de 1906 atteindra 48 millions!

C'est le progrès... de la dépense.

C'est la logique... de l'erreur.

Nous le demandons : ces millions ne seraient-ils

1. Voir le rapport sur le budget du ministère de la guerre, exercice 1906, rédigé, au nom de la commission du budget, par L.-L. Klotz, député.

pas mieux employés à renforcer la préparation de la guerre en Lorraine?

Ne vaudrait-il pas mieux s'en servir soit pour augmenter le nombre de nos batteries de campagne, soit pour tout autre objet destiné à accroître la force effective de nos armées?

Un exemple :

On sait que les Allemands sont en pleine transformation de leur matériel d'artillerie de campagne, afin d'obtenir, comme dans le nôtre, la suppression du recul. Quand ils auront achevé ce travail — et ce sera bientôt — ils auront sur nous une supériorité écrasante et qui tiendra à ce fait brutal :

Pour un nombre de batteries à peu près égal de part et d'autre, la batterie allemande est à six pièces, la batterie française n'a que quatre pièces.

Si donc nous ne faisons pas un vigoureux effort, *ils vont pouvoir mettre en ligne un tiers de bouches a feu de plus que nous.*

Et c'est quand l'armée a de pareils besoins que, froidement, sans nécessité vitale, nous allons mettre un demi-milliard dans les flancs de quelques bateaux cuirassés!...

*
* *

Et maintenant, à qui la faute? A qui s'en prendre?

Serait-ce aux ministres de la guerre et de la marine?

Mais non.

Examinez, par exemple, le cas du ministre actuel de la marine.

Ce n'est pas lui qui a rejeté le plan de l'amiral Fournier. C'est son Conseil Supérieur.

Ce n'est pas lui qui a adopté le programme des onze cuirassés de remplacement. C'est son Conseil Supérieur.

Les préférences de l'honorable M. Thomson étaient d'ailleurs bien connues, longtemps avant qu'il ait pris le portefeuille. Dans une série d'articles parus dans le journal *le Siècle*, il avait réclamé, comme publiciste, précisément la flotte que, comme ministre, il s'apprête à construire. On ne peut donc pas dire qu'il y ait eu surprise pour qui que ce soit.

Et cependant, malgré ses préférences personnelles, le ministre, nous en avons la certitude, se serait incliné franchement devant l'autorité du Conseil, au cas où celui-ci aurait émis un avis contraire à l'opinion intime de M. Thomson.

Reste le Parlement.

Est-ce lui le coupable? La faute en est-elle à son insuffisance?

Peut-être, puisqu'il est l'émanation directe du peuple souverain et que, si telle ou telle organisation défectueuse subsiste, c'est qu'il le veut bien.

Dans le cas qui nous occupe, tout le mal, répétons-le, vient de ces cloisons étanches qui séparent la Guerre et la Marine, de cette habitude prise d'envisager chaque problème isolément.

S'il y avait unité de direction et de responsabilité, si les grandes questions de principe étaient examinées de front, il n'est pas douteux que le programme de l'amiral Fournier eût triomphé aisément, parce qu'il répond seul aux nécessités de la situation européenne à l'heure où nous sommes.

En effet, le grand mérite de ce plan, c'est qu'il n'engage pas l'avenir pour plus de deux ou trois ans, c'est qu'il concentre les efforts en vue d'un résultat certain et immédiat, sans riposte possible de la part de l'adversaire.

Un des principaux arguments de l'amiral Fournier, c'est que la mise en chantier de quelques cuirassés de haut bord ne peut pas diminuer l'écart qui existe entre notre marine et ses rivales. En nous obstinant à reconstruire, périodiquement, une escadre cuirassée toujours insuffisante en nombre, et par conséquent toujours impuissante, nous nous attelons à un vrai travail de Pénélope. C'est toujours à recommencer.

Car, enfin, il n'est plus permis de se faire la moindre illusion à cet égard. *Le demi-milliard que nous allons consacrer aux cuirassés du programme de 1906 ne produira aucun résultat susceptible de modifier, à notre avantage, les situations respectives des grandes marines.*

Il ne produira même pas d'effet au regard de la

seule flotte qu'il ait la prétention d'atteindre, au regard de la flotte allemande !

La démonstration de cette impuissance du programme de 1906 vient d'être faite, de la façon la plus péremptoire, par l'honorable M. Lockroy, dans le magnifique discours qu'il a prononcé, devant la Chambre des députés, le 6 mars dernier.

Je cite textuellement, d'après le *Journal officiel :*

M. Édouard Lockroy. — Messieurs, si nous lisons les considérations qui précèdent le programme, nous y trouvons qu'en 1919, date inscrite au programme français en même temps qu'au programme allemand, nous voyons que la flotte française doit compter 34 bâtiments. Je ne veux pas ici comparer l'effort français aux efforts qui se font aux États-Unis ou au Japon ; mais permettez-moi d'appeler votre attention sur les efforts qui se font dans un pays beaucoup plus voisin du nôtre et dont la marine menace de prendre le rang qu'a occupé jusqu'ici la marine française.

Je vois donc que le programme français indique qu'en 1919 nous devons avoir 34 cuirassés. Eh bien, si je considère le programme allemand, je vois qu'en 1919 l'Allemagne aura, non pas 34, mais 38 cuirassés.

En 1919, donc, l'escadre allemande sera plus forte de 4 cuirassés que l'escadre française. Pour ce qui est des croiseurs, l'Allemagne nous dépassera encore d'une ou deux unités.

M. Édouard Lockroy est entré, d'ailleurs, dans le détail du compte de l'Allemagne :

M. Édouard Lockroy. — En 1919, l'Allemagne aura les

18 cuirassés qu'elle va construire, plus 5 cuirassés du type *Deutschland*, 5 cuirassés du type *Braunschweig*, 5 cuirassés du type *Wittelsbach*, 5 cuirassés du type *Kaiser*. Au total, 38, et aucun de ces cuirassés n'aura vingt ans de services. Quant aux croiseurs, l'Allemagne aura les 6 croiseurs qui sont en service : *Fürst-Bismarck*. *Prinz-Heinrich*, *Prinz-Adalbert*, *Friedrich-Karl*, *Roon*, *York*, plus un septième en chantier, plus 13 croiseurs à construire, *soit 1 croiseur et 4 cuirassés de plus que nous.*

Mais, Messieurs, pour que la flotte compte 34 cuirassés en 1919, étant donné que l'on nous propose de construire 11 cuirassés seulement, il faut supposer que nous avons d'ores et déjà dans notre flotte 23 cuirassés qui, en 1919, seront en état d'entrer dans la ligne de bataille. *Ces 23 cuirassés, je les cherche en vain dans la liste de la flotte et je ne puis réussir à les trouver.* L'amiral Bienaimé. dans le très remarquable discours qu'il a prononcé ce matin, disait, avec raison, je le crains, *qu'en 1919 nous aurions en tout et pour tout 8 bateaux et pas davantage.* Il comptait les 6 cuirassés du type *Patrie*, plus l'*Iéna* et le *Suffren*.

Je crains qu'il n'ait raison. Cependant, j'ai recherché s'il n'était pas possible de trouver des navires devant avoir encore plus ou moins, à cette date cependant assez rapprochée, une valeur militaire. En comptant tout ce que j'ai pu faire entrer en ligne de compte, outre les 6 cuirassés du type *Patrie*, le *Suffren* et l'*Iéna*, j'ai trouvé 3 cuirassés du type *Charlemagne* : le *Charlemagne*, le *Gaulois* et le *Saint-Louis*; 5 du type *Bouvet* : le *Bouvet*, le *Masséna*, le *Charles-Martel*, le *Carnot* et le *Jauréguiberry*; 1 *Brennus*, et puis enfin, pour compléter la série, 1 *Henri-IV*, qui n'a pas de valeur militaire.

Et avec tout cela, M. Édouard Lockroy n'arrive

qu'à 18 cuirassés français au lieu des 34 indiqués par le programme soumis aux Chambres. Encore, dans les navires qu'il a comptés, y en a-t-il 3, le *Brennus*, le *Charles-Martel* et le *Jauréguiberry*, qui, en 1919, auront vingt-quatre et vingt-cinq ans d'âge! Tandis que, du côté des 38 cuirassés allemands, à la même époque, le plus vieux d'entre eux aura juste vingt ans, et il sera le seul.

Mais ces chiffres sont-ils exacts? Le tableau n'a-t-il pas été poussé au noir?

Hélas! M. le ministre de la marine lui-même a dû reconnaître que M. Lockroy était plutôt resté au-dessous de la vérité. « J'accepte, a-t-il dit, dans la séance du 7 mars, j'accepte les comparaisons faites entre les forces de la France et celles de l'Allemagne, notamment celles qui ont été faites par notre collègue, l'honorable M. Lockroy. *Je dois même dire que les chiffres qu'il a présentés me paraissent optimistes*[1]. »

Ainsi donc, la démonstration est péremptoire : les 528 millions que vont coûter, au contribuable, les onze mastodontes du programme de 1906 ne diminueront pas l'écart qui existe entre les marines cuirassées de France et d'Allemagne. Et ce, en admettant même que l'Allemagne n'augmente pas ses prévisions budgétaires, ce qui est au moins dou-

1. Discours de M. Gaston Thomson, ministre de la marine (*Journal officiel*, numéro du 8 mars 1906, page 1251).

teux, car, ainsi que nous l'avons démontré plus haut, les prévisions du programme allemand ont été établies en tenant compte de la coopération de la marine française, coopération que l'accord franco-anglais a rendue plus qu'improbable.

D'ailleurs, à dépense supposée égale, les Allemands construiront encore plus que nous, parce qu'ils construisent à meilleur marché.

Dans la séance du 7 mars dernier, M. le ministre de la marine a été amené à souligner cette supériorité de la marine allemande sur la nôtre.

Voici, d'après le *Journal officiel*, les paroles de l'honorable M. Thomson :

M. le ministre de la marine. — ..... Or, Messieurs, notez bien qu'en Allemagne, le prix de construction est plus faible que chez nous.

M. Plissonnier. — De combien ?

M. le ministre de la marine. — La différence est variable ; je ne peux pas vous donner de chiffres rigoureusement précis ; même en évaluant le prix de la tonne, il y a des variations d'un chantier à l'autre que l'on ne peut élucider que par des concessions de détail. Mais enfin, d'une façon générale, *il faut reconnaître qu'en Allemagne on construit à meilleur compte que chez nous* (1).

Ce n'est, malheureusement, pas la seule supériorité de la marine allemande. Elle ne construit pas seulement à meilleur marché que nous, elle construit encore plus vite.

---

1. Chambre des députés, première séance du 7 mars 1906.

C'est un des vices les plus graves de notre organisme naval que la lenteur des travaux neufs.

La construction de nos bâtiments de combat prend un temps effrayant!

S'ils sont construits par l'industrie, les formalités innombrables de l'administration et du contrôle de la marine, les changements et additions en cours de construction viennent allonger les délais; s'ils sont construits dans les arsenaux de l'État, la lenteur des études et des commandes, la mauvaise organisation du travail dans les ateliers et sur les chantiers donnent un résultat encore plus désastreux.

Venant couronner le tout, le défaut d'entente entre les différents services amène encore des retards préjudiciables.

Lorsque en 1894-1899, le port de Brest, d'ailleurs seul de tous nos arsenaux, a fait un vigoureux effort et est arrivé à construire très rapidement les coques de plusieurs cuirassés : *Charlemagne, Gaulois, Iéna, Suffren*, on est finalement arrivé à ce résultat lamentable : les deux premiers ont attendu *deux ans* leur artillerie et les deux derniers ont été considérablement retardés par leurs machines.

Du reste, donnons des chiffres; ils sont d'une éloquence péremptoire : l'ordre de mise en chantier du *Charlemagne*, à Brest, date du 30 septembre 1893. Il n'est entré en service qu'au printemps de 1899, soit cinq ans et demi.

Le *Gaulois* (Brest). — Ordre de mise en chantier,

22 janvier 1895; entrée en service, milieu de 1899 : quatre ans et demi.

Le *Saint-Louis* (Lorient). — Ordre de mise en chantier, 30 septembre 1893; entrée en service, printemps de 1900 : six ans et demi.

L'*Iéna* (Brest). — Ordre de mise en chantier, 3 avril 1897; entrée en service, printemps de 1902 : cinq ans.

Le *Suffren* (Brest). — Ordre de mise en chantier, 21 avril 1898; entrée en service, printemps de 1904 : six ans.

Le *Henri IV* (Cherbourg). — Ordre de mise en chantier, 18 janvier 1896; entrée en service, commencement de 1904 : huit ans.

Enfin, la construction des cuirassés du type *République*, du programme de 1900, a été ordonnée du *28 juin 1901* (*République*) au *21 mai 1902* (*Liberté, Vérité*). Ces bâtiments devaient être terminés à des dates variant du commencement de 1905 à la fin de 1906 (voir rapport sur le budget de l'exercice 1901). Ces dates reculent chaque année. L'état L annexé au budget de l'exercice 1904 les reporte à une période qui s'étend d'octobre 1905 à décembre 1907!

Enfin, sur le rapport du budget de 1906, les dates probables indiquées par le ministère pour l'entrée en service des six bâtiments susdits s'échelonnent de décembre 1906 à décembre 1907.

En supposant que ces dates soient respectées, on

arrive ainsi à une durée réelle de construction de cinq ans et demi en moyenne.

Voilà pour nos cuirassés.

Que voyons-nous en Allemagne et en Angleterre?

Les cinq cuirassés allemands de la classe *Braunschweig* ont été ordonnés aux dates suivantes : *Braunschweig* et *Elsass*, au commencement de 1901; *Hessen* et *Preussen*, au commencement de 1902; *Lothringen*, au milieu de 1902.

Les quatre premiers sont entrés en service, le dernier y sera au printemps prochain, soit une durée moyenne de construction de moins de *quatre ans*.

Des cinq cuirassés de la classe *Deutschland* qui suivent, le premier, *Deutschland*, mis en chantier par ordre datant du commencement de 1903, sera en service au printemps de 1906, soit moins de trois ans et demi.

En Angleterre, la réponse à la mise en chantier de nos six cuirassés du type *Patrie*, de 14800 tonnes, a été l'ordre de construction de huit cuirassés de 16350 tonnes, du type *King-Edward VII*.

L'ordre de mise en chantier a été donné en avril 1902 pour les deux premiers, en avril 1903 pour les deux derniers. Les cinq premiers sont déjà en service. Les trois derniers y seront au printemps de 1906, soit une durée moyenne de construction de trois ans à trois ans et demi.

Ainsi, en Allemagne et en Angleterre, des bâtiments

mis en chantier après nos cuirassés, et pour répondre à notre effort, seront tous en service dix-huit mois, en moyenne, avant les nôtres.

Mais continuons, et passons aux croiseurs cuirassés.

Les croiseurs cuirassés antérieurs au programme de 1900 ont eu, quoique de types sensiblement analogues, des durées de construction très variables.

Le *Montcalm* (La Seyne). — Ordre de mise en chantier, 22 décembre 1897; entrée en service, fin 1901 : quatre ans.

La *Marseillaise* (Brest). — Ordre de mise en chantier, 19 juin 1899; entrée en service, fin 1903 : quatre ans et demi.

Le *Sully* (La Seyne). — Ordre de mise en chantier, 24 mai 1899; entrée en service, fin 1903 : quatre ans et demi.

Ce sont ceux qui ont été construits le plus rapidement. En queue de la liste, viennent :

La *Jeanne-d'Arc*. — Ordre de mise en chantier, 28 décembre 1895; entrée en service, fin mars 1903 : sept ans trois mois.

Le *Dupetit-Thouars*. — Ordre de mise en chantier, 13 août 1897; entrée en service, milieu de 1905 : huit ans!

Les croiseurs cuirassés du programme de 1900 ont été commandés le 1er juillet 1900 (*Jules-Ferry* et *Léon-Gambetta*), 11 mars 1901 (*Victor-Hugo*), 5 avril 1902 (*Jules-Michelet*), 26 août 1903 (*Ernest-*

Renan), 27 août 1904 (*Edgar-Quinet*), 31 juillet 1905 (*Waldeck-Rousseau*).

De ces bâtiments, un seul est entré en service au printemps de 1905, le *Léon-Gambetta*, soit en quatre ans trois quarts. Le *Jules-Ferry* sera prêt, du moins on l'espère[1], au début de 1906, soit en cinq ans et demi. On ne prévoit pas l'achèvement du *Victor-Hugo* avant la fin de 1906, soit cinq ans trois quarts; celui du *Michelet* fin 1907, cinq ans trois quarts; celui de l'*Ernest-Renan* milieu 1908, cinq ans.

Si nous passons aux petits bâtiments, nous faisons des constatations plus attristantes encore.

Des vingt-huit contre-torpilleurs du programme de 1900, dix-sept ont été construits par l'industrie, onze à l'arsenal de Rochefort.

Sur les dix-sept de l'industrie, un seul, la *Claymore*, commandée le 2 septembre 1903, n'est pas encore en service; elle n'y sera qu'au milieu de 1906.

Sur les onze construits par l'arsenal de Rochefort, quatre, commandés en 1901, sont en service. Mais les sept autres n'y sont pas encore.

Le *Stylet* et le *Tromblon*, commandés en mai 1902, ne seront prêts qu'en août 1906, soit *quatre ans pour construire des bateaux de 320 tonneaux*.

Le *Pierrier*, l'*Obusier*, le *Mortier*, commandés le

---

1. On nous assure que les derniers essais du *Jules-Ferry* ont été très pénibles.

5 août 1903, n'entreront en service qu'à l'automne de 1906; le *Carquois* et le *Trident,* commandés en juillet 1904, ne seront pas prêts avant le courant de 1907.

Si nous passons aux sous-marins, nous faisons les mêmes constatations :

Les vingt sous-marins du type *Naïade,* mis en chantier par ordre du 3 avril 1901, devaient être construits en dix-huit mois. Les deux premiers ont été terminés en juin 1904, soit trois ans un quart; les derniers, en octobre 1905, soit quatre ans et demi.

Le sous-marin *X,* ordonné le 10 janvier 1902, a été terminé au milieu de 1905, soit trois ans et demi. Le sous-marin *Y,* commandé par ordre du 12 août 1901, le sous-marin *Z* (10 juin 1901), les submersibles *Aigrette* et *Cigogne* (13 mai 1902) *ne sont pas encore terminés,* soit en trois ans et demi et quatre ans et demi.

Le submersible *Oméga,* ordonné le 26 janvier 1903, ne sera terminé qu'à la fin de 1907, son moteur n'étant pas encore commandé, soit en *cinq ans.*

Tout cela n'est-il pas inquiétant?

Enfin, il ne faudrait pas croire que les constructions neuves vont lentement parce que les réparations sont poussées avec une activité dévorante. Les réparations du *Léon-Gambetta,* à Brest, après son échouage, ont duré, presque jour pour jour, *un an;*

des travaux dans les tourelles de nos bâtiments de l'escadre de la Méditerranée, prévus depuis octobre 1904, n'ont été terminés qu'à la fin de 1905.

*
* *

Le *Memorandum* publié, au commencement de décembre 1905, par l'amirauté britannique, contient une démonstration admirable de l'importance qui s'attache, en marine, à la rapidité de construction :

« *La rapidité de construction a une grande importance, parce que :*

« a) *Si le navire de combat est plus rapidement expérimenté, les améliorations suggérées par l'expérience peuvent être effectuées et les défauts peuvent être connus en temps voulu pour être évités sur les navires suivants. Il est aussi très désirable de terminer les navires avec toute la hâte possible ;*

« b) *Il est certainement plus utile à la puissance de combat immédiate de la flotte de pousser activement les travaux d'un nombre limité de navires, jusqu'à achèvement, que de dépenser les mêmes sommes d'argent sur un plus grand nombre de bâtiments avec une rapidité moindre ;*

« c) *Il y a un bénéfice financier à avoir des navires à la mer, prêts au combat, plutôt que des navires partiellement achevés et non prêts au combat, même si le nombre de ces derniers est beaucoup plus grand ;*

« d) *Il est économique d'entretenir l'activité des ateliers à la plus haute moyenne de production ;*

« e) *Un résultat immédiat de la construction en un temps moitié moindre est qu'il y aurait en chantier en même temps un nombre moitié moindre de navires. Il y aura, par suite, besoin de moins de cales de construction, de docks, etc.* »

Comme corollaire, l'amirauté a décidé la mise en chantier annuelle de quatre cuirassés de premier rang, dont la construction devra être terminée en *deux ans*.

Vous entendez bien : les arsenaux anglais mettront *deux ans* pour construire des cuirassés de plus de *18 000 tonneaux*.

Et nous, le département de la marine ne l'a pas caché à la Chambre, nos arsenaux demandent *quatre ans* pour construire des torpilleurs submersibles d'environ *500 tonneaux*[1] !

*
* *

Il résulte de tout ce qui précède que les centaines de millions que nous allons engager dans la construction de quelques cuirassés d'escadre n'amélioreront en rien notre situation par rapport à l'Allemagne.

Cela est parfaitement logique, d'ailleurs, puisque

1. Voyez l'état 45 du projet de budget de la marine pour l'exercice 1907.

le programme allemand ne vise pas la France, mais l'Angleterre.

Un écrivain peu suspect de sympathie pour les idées que nous défendons ici, M. Ernest Judet, a cependant dû reconnaître que, pour nous écraser, les Allemands n'ont aucun besoin de la mer. A cet égard, la situation n'a pas changé depuis trente-cinq ans; elle est, en 1906, exactement ce qu'elle était en 1870.

Après avoir montré que l'activité politique du gouvernement de Berlin est absorbée par l'énorme sacrifice financier qu'il va demander au Parlement pour la force navale de l'empire, M. Ernest Judet s'exprime ainsi :

« Ce n'est ni un secret ni un mystère que le succès de cette immense opération est depuis longtemps la pensée favorite de Guillaume II. La *conversion* extraordinaire qu'il commande pour tourner vers la mer les préoccupations de son peuple sort tout armée de son cerveau, comme l'*impérialisme* lui-même, dont il est l'inventeur, le metteur en scène et le chef infatigable.

« Il était difficile de lancer sur les eaux une race terrienne, grandie par le continent, pourvue de peu de côtes et de faibles contingents maritimes. Maintenant, il approche du but, et ses desseins se lisent dans toutes ses décisions, propositions, combinaisons essentielles. *Ils embrassent un ensemble d'idées, harmonisant la politique intérieure, la politique exté-*

rieure avec la construction d'un outillage formidable qui définit mieux que n'importe quelle théorie ou hypothèse les ambitions germaniques.

« Dans un État sérieux qui suit ses lignes et subordonne ses moyens à ses plans, l'utilisation obligatoire et inévitable des grandes dépenses indique pourquoi elles sont résolues, à quoi elles serviront. De 1906 à 1917, terme du projet en cours, l'Allemagne aura, si elle est d'accord avec Guillaume II, à consentir un surcroît de *frais d'exploitation*, au profit de l'impérialisme, qui atteint 912 millions et demi de francs, 350 millions pour l'accroissement de la flotte, 562 millions et demi pour l'augmentation du tonnage des vaisseaux. Durant la même période, le budget de la marine passera de 291 à 410 millions.....

« L'Allemagne aura donc la *marine de sa politique*.

« Par conséquent, *sa politique se calquera sur le rôle de sa marine.*

« Elle fait bien marcher de front l'organisme de la *défensive*, son armée, et celui de son *offensive*, sa marine. Elle est même en mesure de passer sur terre de la défensive à l'offensive. Mais l'ampleur de ses dépenses navales ne signifie que l'offensive, à l'heure où elle sera prête. Un calcul simple permet de faire coïncider, avec l'époque où l'exécution du programme naval sera terminée, celle de l'attaque.

« Une puissance au moins est menacée par cette attaque. Serait-ce la France?

« *Mais, si l'Allemagne ne songeait qu'à en finir avec nous dans un duel, elle n'aurait pas besoin de partager son effort entre sa flotte et son armée. Car, la partie se jouant en Lorraine, la suprématie sur mer passerait au second plan.*

« *L'Angleterre seule est visée.* »

M. Ernest Judet rappelle ensuite que les côtes allemandes sont pratiquement inattaquables et conclut ainsi :

« Puisque les Allemands proclament qu'ils n'ont pas besoin de marine pour défendre leurs côtes, la flotte qu'ils construisent équivaut à une déclaration de guerre. L'Angleterre l'a deviné. Elle répond par ses armements, et sa diplomatie se hâte en conséquence. Les 812000 adhérents de la *Ligue maritime allemande* ne prêchent pas autre chose que la conquête des océans, par conséquent des marchés de la planète, d'où naîtra l'opulence illimitée de la Germanie ; entre la convoitise et le succès, un unique obstacle s'oppose : la flotte anglaise. C'est pourquoi Londres pousse la France à saisir son adversaire sur le Rhin, parce qu'elle est en proie à de légitimes inquiétudes.

« La marine de Guillaume II a précipité le travail d'Édouard VII et l'enthousiasme britannique pour l'entente française. Pourquoi nous étonner que l'Angleterre tente de nous faire battre en avant-garde, avec l'égoïsme étroit qui a toujours caractérisé sa politique? ce qui lui est d'autant plus facile aujourd'hui qu'elle ne risque rien dans notre partie, et gagnerait plus à nous voir battus que neutres[1]. »

On le voit, pour M. Ernest Judet comme pour tant d'autres, l'achèvement du programme allemand marquera l'heure de l'offensive contre l'Angleterre.

Quelle illusion!

L'achèvement du programme fera éclater aux yeux des pires aveugles la profonde vanité de cet effort; il fera la démonstration complète que, seule, réduite à ses propres forces, l'Allemagne demeure impuissante contre l'Angleterre.

Car la marine de Guillaume II a beau posséder toutes les qualités militaires qu'on lui attribue, elle a beau être le modèle d'organisation et de méthode que les meilleurs juges nous ont vanté, elle ne sera jamais *prête*, au sens que M. Ernest Judet attache à ce mot, parce que jamais elle ne pourra rattraper l'énorme avance acquise par la marine de la Grande-Bretagne. On peut même affirmer que l'écart entre les deux marines ira toujours en s'élargissant, au moins tant que les Allemands demeureront fidèles à la conception anglaise de la guerre navale, tant qu'ils compteront, pour vaincre, sur le sort d'une bataille rangée de mastodontes.

1. *La Marine allemande*, par Ernest JUDET.

On peut creuser le problème, on peut le tourner et le retourner sous toutes ses faces, il n'y a pas deux solutions :

La guerre d'escadres, contre l'Angleterre, impose la coopération des deux plus fortes marines cuirassées de l'Europe (1).

C'est-à-dire que l'Allemagne n'a aucune chance de terrasser le colosse britannique, à moins qu'elle ne s'allie étroitement avec la France.

Or, une telle alliance est impossible tant que l'Alsace et la Lorraine demeureront sous le talon prussien.

Comment, aussi, M. Ernest Judet peut-il écrire que l'Angleterre gagnerait quelque chose à nous voir battus une seconde fois? Comment ne s'aperçoit-il pas qu'elle perdrait sûrement, dans notre défaite, sa plus forte ligne de protection contre le danger allemand, à savoir le littoral hollando-belge (2)? Sans compter que nos vainqueurs s'adjugeraient peut-être aussi une partie du littoral français de la Manche, par exemple Cherbourg et

---

1. Mais, si vous renoncez à la guerre d'escadres, si vous commencez par enlever à la marine anglaise le choix des armes, alors la partie peut se jouer avec de grandes chances de succès, même pour l'Allemagne réduite à ses seules forces. Car le littoral prussien de la mer du Nord, quoique très inférieur, stratégiquement, au littoral français de la Manche, se prête encore à une excellente utilisation des flottilles sous-marines.

2. Voyez, dans ce volume, le chapitre VIII.

la presqu'île du Cotentin, qui semble un bras toujours tendu vers la côte anglaise. Nous savons, de bonne source, qu'ils y ont songé à diverses époques.

Quant à nous, nous ne risquons absolument rien à voir l'Angleterre prendre sa part de notre commune victoire sur l'Allemagne, puisque — la démonstration en a été faite par le vice-amiral Fournier — le sous-marin offensif nous donnera les moyens, jusqu'ici vainement cherchés, de nous faire craindre et, par conséquent, de nous faire toujours respecter par nos voisins d'outre-Manche.

Car telle est l'importance de la révolution qui se prépare : *la situation insulaire, autrefois suprême garantie de la grandeur et de la sécurité britanniques, va devenir une irrémédiable cause de faiblesse et peut-être de ruine.*

C'est pourquoi l'alliance française s'imposera de plus en plus aux hommes d'Etat britanniques. C'est pourquoi la construction d'un *passage terrestre*, sous les eaux du pas de Calais, apparaîtra bientôt comme une nécessité inéluctable pour la défense de l'empire d'Angleterre.

Supposez une guerre où l'Allemagne disposerait de sous-marins offensifs en nombre suffisant, n'est-il pas évident qu'alors l'usage du tunnel pourra seul assurer le ravitaillement de la Grande-Bretagne? Et qui oserait affirmer que là se bornerait le secours à obtenir de nous par cette voie?

Le torpilleur sous-marin ravira à l'Angleterre

l'empire de la mer, *et nul ne recueillera ce prodigieux héritage.*

Méditez ces paroles d'un illustre précurseur :

« Lorsque je compare la marine militaire actuelle avec l'ancienne, écrivait Fulton, il y a un siècle, toutes les galères et les navires de guerre qui existaient avant l'invention de la poudre à canon sont à mes yeux des objets presque nuls. Il est très probable que quatre vaisseaux de 74 canons, en pleine mer, suffiraient pour détruire tout ce qui exista jamais de la marine ancienne.

« La science ne peut-elle donc pas, dans ses progrès, découvrir les moyens de détruire les vaisseaux de guerre par la force explosive, *et de donner ainsi sur mer* LA LIBERTÉ *qui doit assurer la paix perpétuelle entre les nations séparées par la vaste étendue des eaux ?*

« Quoique le canon, les armes à feu et tout le détail des munitions paraisse extrêmement simple, cependant nous voyons combien a été lent leur perfectionnement actuel, tout imparfait qu'il est encore. D'où je conclus qu'il n'est pas impossible de prévoir à quel degré de perfection et d'utilité on pourra porter dans la suite l'usage des torpilles.....

« Si un vaisseau de 80 canons est forcé de faire retraite devant cinquante chaloupes à torpilles coûtant toutes ensemble le même prix que lui, il faut qu'il aille si loin que les chaloupes ne puissent pas le suivre, c'est-à-dire à plus de 8 ou 10 lieues; *les chaloupes pourraient donc suivre un vaisseau dans les passes étroites de la Baltique ou de la Manche.....*

« Si je puis établir que dans ces eaux les flottes anglaises seraient forcées de se retirer devant les chaloupes à torpilles, ou de périr, il doit s'ensuivre qu'elles seront forcées de céder à un pareil système d'attaque dans toute autre mer; et la même combinaison de moyens qui peut les forcer à céder opérera sur tous leurs vaisseaux de guerre une destruction totale en cas de résistance[1]. »

Eh bien, les temps prévus par Fulton sont venus; la torpille a fait des progrès énormes et, quand notre marine renoncera à acheter les siennes en Autriche, pour en confier l'étude et la fabrication à l'industrie française, alors la whitehead, que nous connaissons seule, aura bientôt fait place à un engin très supérieur, d'une puissance irrésistible[2].

Enfin, il ne s'agit plus aujourd'hui de chaloupes porte-torpilles; le navire sous-marin est devenu à son tour une réalité pratique, et quand, ici encore, l'industrie privée sera enfin mise en concurrence avec les arsenaux de l'État, les progrès ne s'arrêteront plus[3].

---

1. Mémoires de FULTON.

2. Voyez, sur ce sujet, la « Préface » que nous avons écrite pour le livre de M. NOALHAT, *Les Torpilles et les mines sous-marines* (Berger-Levrault et Cie, éditeurs).

3. Cette libre concurrence de l'État et de l'industrie privée ne s'impose pas seulement au point de vue des progrès à

*
* *

En vérité, à l'heure où nous sommes, il n'y a, pour la France, qu'un programme rationnel.

C'est celui qui a su s'inspirer des nécessités de la situation européenne et proportionner l'effort maritime au résultat à obtenir.

C'est celui qui, rompant avec les mortelles routines, tourne résolument le dos à la conception anglaise de la guerre navale.

C'est celui qui compte, pour vaincre, sur l'incomparable valeur stratégique de nos côtes, sur les plus hautes facultés de notre race, sur la science, sur le génie de la France.

C'est le programme de l'amiral Fournier.

---

réaliser, mais encore pour obtenir la rapidité de construction, si importante en pareille matière.

CHAPITRE XIII

LES GRANDES MANŒUVRES NAVALES DE FRANCE ET D'ANGLETERRE

Les manœuvres navales qui se sont déroulées en France et en Angleterre dans le courant de l'été de 1906 ont été absolument différentes dans leur esprit et dans leurs résultats.

L'amirauté anglaise a voulu résoudre un vaste problème stratégique en lançant en haute mer deux adversaires ayant, comme en temps de guerre, une liberté complète de mouvements.

L'armée navale française, au contraire, a écarté systématiquement de son programme toute espèce de manœuvre générale à double action, d'un caractère trop incertain pour qu'on pût être assuré d'en tirer des enseignements en proportion des dépenses considérables qu'entraîne ce genre d'opérations à grand rayon, et n'a procédé qu'à un enchaînement méthodique et progressif d'exercices tactiques très nombreux que nécessitaient d'ailleurs, cette année, l'essai d'une nouvelle tactique pour l'armée de ligne et l'armée légère et l'épreuve de l'efficacité du rôle des flottilles dans la guerre de côtes.

*
* *

Les manœuvres navales anglaises de 1906 comprenaient deux périodes :

La première, toute de service intérieur, a été employée à vérifier le bon fonctionnement des opérations de la mobilisation, exécutées dans les conditions du temps de guerre ;

La seconde, au contraire, avait pour but de résoudre le plus haut problème stratégique maritime intéressant l'Angleterre, celui de la protection de son commerce.

Les opérations de mobilisation de la première période sont restées secrètes. Cependant, il est manifeste qu'elles ont prouvé que l'Angleterre est actuellement en état, grâce aux efforts accomplis depuis dix ans surtout, de mettre immédiatement sa flotte sur le pied de guerre, sans apporter le moindre trouble dans sa vie nationale ni dans le fonctionnement, si important pour elle, de son immense commerce sur mer.

Mais, si le succès de cette première partie des manœuvres est incontestable et a été, sans doute, rémunérateur des dépenses qu'elle a pu entraîner, il n'en a pas été de même de la seconde période, dans laquelle se sont déroulées, en haute mer, les manœuvres des deux flottes, *bleue* et *rouge*, l'une attaquant le commerce anglais et les côtes britanniques et l'autre s'efforçant de les couvrir.

Cette seconde période, comprise entre le 23 juin et le 2 juillet, devait avoir pour théâtre l'Atlantique, de Gibraltar au nord de l'Écosse, et faire porter la tentative de guerre commerciale sur les routes reliant l'Angleterre à Gibraltar et au cap de Bonne-Espérance.

On remarquera d'abord la disproportion entre la puissance des forces navales de la défense, qui comprenaient presque la totalité de la flotte anglaise, et l'exiguïté du champ qu'elle avait à couvrir, avec cette particularité qu'il était flanqué, sur toute sa longueur, par le continent et que les routes du large vers l'Amérique du Nord en étaient exclues.

L'examen détaillé des opérations et des incidents qui se déroulèrent pendant cette période sortirait du cadre de cette simple note. Il suffira de dire que la croisière de l'amiral May, chargée d'intercepter le commerce anglais le long de la côte du Portugal, n'a amené que peu ou point de résultats et que la durée insuffisante des manœuvres n'a pas permis à l'attaque de renouveler une tentative qui eût pu être plus fructueuse une seconde fois.

De plus, que le dispositif d'attente adopté (trois lignes de bâtiments orientées est-ouest, distantes entre elles en latitude de 120 milles, sur lesquelles les bâtiments étaient espacés de 30 milles) pour tenir cette croisière n'était peut-être pas celui qui était susceptible de fournir les meilleurs résultats. Il témoigne, en tous cas, de peu de souci des principes élémentaires de la cinématique appliqués à ces sortes de recherches ou de barrages, ce qui, d'après cet exemple, paraît étonnant de la part des états-majors britanniques.

Enfin, il faut remarquer qu'à peine établi, ce dispositif a dû être rompu précipitamment pour opérer la concentration de ses éléments, sous la menace de voir ses unités, trop en l'air, enlevées partiellement par l'escadre anglaise de la Méditerranée, venant du sud, et par celle de la Manche, venant du nord.

Dès la fin de cette tentative de guerre commerciale à peine esquissée et que le temps limité des manœuvres ne permit pas de renouveler, le reste des opérations de cette seconde période eut beaucoup plus le caractère d'un sport maritime et d'une joute de vitesse entre les bâtiments que d'une opération de stratégie ou de tactique.

L'amiral May, en effet, rallia, à toute allure, la Manche dégarnie d'adversaires, en effectuant une véritable course de fond au cours de laquelle il n'hésita pas à sacrifier ses traînards, les trois cuirassés *Majestic*, *Magnificent* et *New-Zealand*, et à dépenser probablement la majeure partie de son approvisionnement en combustible, ce qui n'était pas sans danger pour la conduite des opérations ultérieures si elles avaient eu à se prolonger à une aussi vive allure.

Tout ce qu'il put gagner, dans cette lutte de vitesse, fut une avance de sept heures sur son adversaire, qui le poursuivit sans perdre ses traces. On sait qu'en arrivant en vue des côtes anglaises, il adressa au roi un télégramme[1] sensationnel, déclarant, en substance, qu'avec les cinq cuirassés qui lui restaient il était maître sans conteste de toute la Manche et menaçant les villes anglaises des pires extrémités si l'on ne se soumettait pas à ses exigences.

Ce télégramme peut paraître d'autant plus surprenant que, si le roi d'Angleterre avait mis l'amiral May au défi de donner suite à ses menaces, celui-ci se serait trouvé acculé à cette phase critique que l'on appelle en France le quart d'heure de Rabelais, c'est-à-dire le règlement des comptes.

Il eût été obligé, en effet, ou de faire tête à son adversaire, qui le poursuivait avec des forces écrasantes, et de se faire battre ; ou de tenter de franchir les flottilles de torpilleurs et de sous-marins couvrant les ports anglais et de se buter finalement

---

1. « L'ennemi commande la Manche et demande une indemnité de guerre. S'il est tenté de détruire la flotte bleue par des torpilleurs, des sous-marins ou des mines, je détruirai les ports non protégés de la côte anglaise et vous tiendrai pour responsables des pertes que je pourrai subir en hommes. Je serai au large du port et si je ne vois pas flotter le drapeau de la capitulation, je bombarderai la ville et je la tiendrai responsable. Le montant de l'indemnité sera fixé postérieurement. »

aux batteries de la défense; ou, enfin, de reprendre le large précipitamment pour ne pas laisser à son adversaire le temps de le refouler sur la côte et de lui couper sa route de fuite.

Quand on songe qu'il n'avait, pour se tirer de cette impasse, que quelques heures devant lui, il n'est pas excessif de se demander en quoi l'amiral May pouvait considérer cette situation comme triomphale.

L'important problème de la protection du commerce anglais, que l'amirauté avait eu le désir de résoudre par un exercice d'une durée de NEUF JOURS ET DEMI, alors qu'une guerre, avec tous ses dangers, pourra se prolonger pendant des mois, est donc resté sans solution. Elle n'avait pas pu faire ressortir de l'expérience des manœuvres « une juste appréciation des risques auxquels serait exposé le commerce ni les moyens à employer pour lui assurer une protection efficace sans abandonner l'objectif principal (forcer l'ennemi à accepter le combat), qui constituent des éléments très importants à connaître, autant pour les chefs qui ont à conduire les opérations que pour les membres de la communauté commerciale ».

C'est dans les termes qui viennent d'être cités que l'amirauté, dans une note livrée à la publicité avant le début des manœuvres, avait posé les problèmes qu'il s'agissait de « solutionner d'une manière *pratique* ».

On peut être étonné que l'amirauté anglaise, en

général si nette, si claire, si simple dans ses applications pratiques de principes qu'elle admet, se soit livrée à des procédés élémentaires, vraiment trop peu scientifiques pour notre époque, dans la recherche de la solution d'un problème aussi complexe que l'application de la stratégie navale à la guerre commerciale. Elle s'est donc engagée, sous le prétexte de ne pas se laisser influencer par des théories de cabinet, à des essais purement *pratiques* qui furent fort coûteux et qui, ne portant que sur un nombre forcément très limité de cas concrets, puisque ceux-ci ne pouvaient se produire que pendant NEUF JOURS ET DEMI, ne devaient en aucune manière fournir les conclusions susceptibles de déterminer les lois générales que l'amirauté désirait donner, d'une part, à ses officiers généraux pour diriger, en cas de guerre, leurs manœuvres, de l'autre, à ses commerçants, pour qu'ils pussent régler leurs opérations en connaissance de cause.

Si, au rebours de ce qui s'est passé, l'amiral May avait détruit, rançonné tout le commerce britannique passant le long des côtes du Portugal, il eût été aussi dangereux de conclure à la réussite, toujours, des opérations de la guerre commerciale qu'il le serait, dans les conjonctures présentes, de conclure à leur échec.

Des succès ou des revers qui peuvent se produire dans des manœuvres de ce genre, on ne peut, en effet, tirer aucune conclusion pour ce qui arriverait en temps de guerre, car les circonstances, à la mer, au jour donné, ne peuvent pas se reproduire identiques à ce qu'elles étaient lors d'une expérience précédente.

Le calme plat ou la grosse mer, la brume ou un temps clair, les facilités ou les difficultés de la navigation, une heureuse inspiration d'un chef ou une erreur de jugement sont des éléments essentiellement variables et fugitifs, échappant à toute loi et qui ont cependant une influence décisive dans toutes les opérations de recherche de la guerre navale.

D'ailleurs, tout est fictif dans ces exercices dits stratégiques à grande étendue, depuis leur durée limitée qui oblige à des résolutions d'un illogisme absolu jusqu'à l'absence totale de risques et de dangers qui, en temps de guerre, joueront dans les décisions des chefs un rôle capital.

Toutefois, il faut reconnaître que le résultat de ces manœuvres n'a pas été infructueux, si, comme on est porté à le supposer, leur objectif réel était de motiver la mobilisation générale de toutes les forces de l'Angleterre, en justifiant, de la sorte, aux yeux de l'opinion, les dépenses énormes qu'elle devait entraîner. L'amirauté a provoqué ainsi l'occasion de faire fonctionner d'une manière intensive, avec succès, tous les rouages essentiels de sa flotte de haute mer. La force de l'amiral May peut alors n'être considérée que comme un ennemi figuré, exécutant des opérations quelconques qui ont été

à cette occasion, la guerre commerciale, mais qui, au point de vue purement technique, auraient pu se passer de l'appareil compliqué de la participation onéreuse des bâtiments marchands. Ce fut une véritable école de service en campagne, obligeant les bâtiments y prenant part à des marches prolongées à grande vitesse au cours desquelles le matériel et le personnel ont pu faire la preuve de leur remarquable endurance.

A ce double point de vue, une période d'activité aussi poussée a pu être très utile, en faisant ressortir la nécessité de mesures propres à mettre ou à maintenir le matériel en état de résister aux diverses épreuves du service du temps de guerre et en donnant au personnel un excellent entraînement qui a augmenté sa valeur, son *potentiel militaire*.

On peut toutefois s'étonner que, dans des manœuvres aussi importantes, l'amirauté anglaise n'ait pas introduit un seul combat figuré — elle avait même donné l'obligation inverse à l'amiral May. Est-ce parce qu'elle estime que cette question n'a qu'une importance secondaire et qu'il suffit à la flotte anglaise d'arriver sur le champ de bataille avec une supériorité numérique écrasante qu'elle sera toujours capable de réaliser? Est-ce, au contraire, qu'elle estime que cette question est vidée et que sa tactique de combat est suffisamment au point pour ne plus être pratiquée que comme un exercice d'assouplissement du service courant des escadres?

On ne peut répondre, *a priori*, à ces deux questions; mais l'on serrera probablement la vérité de très près en pensant que, comme presque toutes les autres, la marine anglaise recherche avec passion les règles lui permettant de conduire au combat et d'y faire manœuvrer, en bon ordre, sous le feu de l'ennemi, un grand nombre de bâtiments. Car enfin, si son but est, ce qu'on doit supposer, d'amener sur le champ de bataille une supériorité de forces écrasante, il faut encore qu'elle soit en mesure de les manier dans leur ensemble, avec la souplesse et la sûreté nécessaires à leurs succès.

On peut de même s'étonner que le thème de la seconde période des manœuvres n'ait prévu aucune opération de côtes. Cependant, elles sont souvent le prélude et dans tous les cas l'aboutissement de celles du large et elles ont trouvé une grande place dans toutes les opérations de guerre enregistrées par l'histoire.

En ce qui concerne l'archipel britannique, en particulier, il était intéressant de savoir si, en dehors même des batteries et des troupes de la défense, les flottilles de torpilleurs et de sous-marins chargées de couvrir les abords des ports de la flotte de guerre et de la flotte de commerce anglaises étaient en mesure de jouer ce rôle essentiel. Or, sur ce point important, aucun enseignement n'est à tirer des manœuvres exécutées.

En résumé, il eût été très instructif de voir la

flotte assaillante de l'amiral May aux prises avec les difficultés qu'elle allait certainement rencontrer ou dans le combat en haute mer contre la flotte de haut bord de son adversaire si elle lui faisait tête, ou dans sa lutte contre les flottilles défensives du littoral anglais, ou enfin dans ses manœuvres de dérobement le long de la côte ou vers le large, dans le cas très probable où cette dernière solution se serait imposée finalement à la prudence de ce chef.

Or, c'est précisément la solution de ces difficultés très complexes que s'est imposée l'armée navale française dans ses manœuvres et ses essais de cette année et qui, malgré les difficultés et les risques qu'elles présentaient, ont été fécondes en enseignements et à ce titre ont compensé largement les dépenses relativement peu élevées qu'elles ont entraînées.

C'est ainsi qu'on peut s'expliquer sans doute la réflexion par laquelle M. le vice-amiral Fournier, commandant en chef l'armée navale française, terminait son ordre du jour à la fin des manœuvres :

« Sous ce point de vue, les opérations de côtes de notre armée navale ont achevé, à son profit, les leçons de faits, au point critique où les avait laissées l'armée navale anglaise dans ses brillantes manœuvres de mobilisation et de haute mer du mois dernier. »

Les manœuvres françaises ont, en effet, mis à l'épreuve le rôle défensif des flottilles de torpilleurs et de sous-marins dans les différentes opérations suivantes auxquelles peut conduire la guerre de côtes :

Bombardement de jour ou de nuit ;

Débarquement de troupes ;

Couverture mobile extérieure d'une force navale cherchant un refuge dans un port, de jour et de nuit.

Le résultat de ces exercices a montré combien serait efficace l'action défensive des torpilleurs pendant la nuit et des sous-marins pendant le jour, contre les bâtiments de haut bord de la flotte assaillante.

Mais que parlons-nous de défensive ? Le rapport de l'amiral Fournier insiste sur l'efficacité de l'action *offensive* des submersibles. Nous citons textuellement :

« Mais l'effet utile du submersible s'affirme d'une façon plus manifeste encore dans le rôle offensif, auquel il se prêterait très avantageusement dans les conditions suivantes.

« Des divisions indépendantes, composées de submersibles de haute mer, à grand rayon, renforcées éventuellement par des contre-torpilleurs et réparties dans des points d'appui bien choisis et protégés sur nos côtes de France, de Corse, d'Algérie et de Tunisie, *pourraient étendre leurs croisières offensives, en cas de guerre, sur tous les bassins de la mer du Nord, de la Manche et de la mer Méditerranée sui-*

dentale, jusque devant les ports ennemis, dans les détroits et sur les routes les plus fréquentées du monde, qui contournent et sillonnent cet incomparable cadre stratégique et maritime de la France.

« Notre flotte de haut bord pourrait alors consacrer toutes ses forces et son activité à porter la guerre *en haute mer, dans l'Océan,* contre celle de l'ennemi et ses convois, en rayonnant *vers le large de nos ports de l'Atlantique,* affranchis, par leurs positions, des menaces de blocus des submersibles antagonistes. De plus, elle éviterait ainsi de faire un double emploi inutile avec notre flottille de submersibles, *suffisante pour soutenir seule, victorieusement, la campagne* dans son vaste champ d'action intérieure, en y renouvelant sans répit ses attaques sous-marines contre la flotte de haut bord de l'ennemi. Enfin, notre flotte de haut bord n'exposerait pas ainsi ses propres bâtiments *aux risques d'être torpillés par les submersibles antagonistes dont ils ne pourraient se préserver s'ils restaient confinés dans ce champ clos.*

« Il n'est plus douteux, à mon avis, monsieur le Ministre, que, grâce à la merveilleuse appropriation de ce cadre stratégique maritime de la France, à ce double jeu offensif intérieur et extérieur d'une nombreuse flottille de submersibles à grand rayon et d'une flotte de haut bord *sagement proportionnée aux exigences de son rayonnement entre la métropole et notre domaine colonial,* une politique habile et pacifique de notre diplomatie saurait mettre à l'amitié de la République française un si haut prix aux yeux des puissances maritimes et notamment de l'Angleterre et des États-Unis d'Amérique, que nous n'aurions plus à redouter aucune perspective de guerre[1]. »

* * *

L'ordre du jour de l'amiralissime, clôturant ces grandes manœuvres, a fait couler des flots d'encre.

L'amiral Fournier a déclaré, en effet, que 41 (quarante et un) bâtiments de haut bord auraient été coulés par la flottille, c'est-à-dire par l'arme-torpille, et que les flottes cuirassées, si nombreuses soient-elles, seraient impuissantes contre nos côtes défendues par des torpilleurs et des sous-marins. C'est la condamnation formelle des ruineuses escadres cuirassées.

Mais, dit-on, les cuirassés restent l'arme de la conquête par mer. Par là, on les déclare inutiles à la France républicaine, qui réprouve énergiquement toute politique agressive de conquête.

Et qui nous expliquera par quel effet ces cuirassés seraient une arme de conquête contre l'étranger, alors qu'il vient d'être prouvé que les cuirassés

---

1. Rapport officiel de l'amiral Fournier sur les grandes manœuvres de l'armée navale pendant l'été de 1906 (publié par le journal *le Temps*).

étrangers ne pourraient rien entreprendre contre nous?

D'ailleurs, dans son rapport au ministre, que nous avons cité, l'amiral Fournier nous a formellement prévenus, qu'en cas de guerre, toute notre flotte de haut bord ferait sagement de fuir les mers européennes *pour ne pas exposer ses propres bâtiments au risque d'être torpillés par les submersibles antagonistes, dont ils ne pourraient pas se préserver s'ils restaient confinés dans ce champ clos.*

Et ce « champ clos », vous l'entendez bien, c'est la mer du Nord avec la Manche, c'est la Méditerranée; ce sont, à la vérité, toutes les mers du globe, à l'exception des immenses plaines liquides de l'Atlantique et du Pacifique où nous n'avons véritablement aucune raison de combattre, puisque nous possédons les moyens d'atteindre et de frapper l'ennemi à coup sûr aux atterrissages. On ne peut pas toujours demeurer au grand large! Et quel résultat pratique devons-nous attendre d'un choc de cuirassés au beau milieu de l'Océan?

La force des choses nous ramène donc au programme que l'amiral Fournier a défendu, au mois de mai 1905, devant le conseil supérieur de la marine.

On a tellement équivoqué là-dessus qu'il est devenu indispensable de mettre les points sur les *i*.

Dans son contre-projet, l'amiral Fournier a soutenu qu'il serait illogique et imprudent de mettre en chantier de nouveaux cuirassés avant d'avoir achevé la construction de la flottille sous-marine. Mais il ne s'est pas montré pour cela l'ennemi des navires de haut bord[1]. Il a tout simplement plaidé la convenance et l'urgence de mettre en ligne cent submersibles plutôt que trois ou quatre cuirassés en plus de ceux du programme de 1900.

Le programme de l'amiral Fournier est donc essentiellement transitoire. Il consiste à nous mettre, le plus vite possible, en mesure de tirer parti de la révolution déterminée, dans la guerre navale, par l'entrée en scène du sous-marin ou submersible.

Quand cet effort, tout de logique et de sens commun, aura été accompli, nous étudierons la future flotte offensive, dans le calme et la tranquillité de gens qui n'ont plus rien à craindre chez eux, et avec la ferme volonté de proportionner la dépense au résultat à obtenir.

---

1. Faut-il rappeler, encore une fois, que l'école de l'amiral Aube, si elle repousse le cuirassé et la guerre d'escadres, ne renonce pas pour cela aux navires du large? Le programme de constructions neuves du ministre de 1886 en fournit la preuve indiscutable. Les principes sur lesquels reposait ce programme ont été indiqués et commentés par nous, à diverses reprises, notamment dans la seconde partie de notre ouvrage : *Les Sous-marins et la Politique navale de l'Angleterre* (Chapelot, éditeur). Nous y renvoyons le lecteur.

TABLE DES MATIÈRES

Nancy, imprimerie Berger-Levrault et Cie

La Marine qu'il nous faut, par Charles Bos, député, rapporteur du budget de la marine. Avec une préface d'Édouard Lockroy, ancien ministre de la marine. 1906. Un volume in-12, broché . . . . 3 fr. 50

Les Leçons de la Guerre. *Port-Arthur — Tsoushima.* **Ce qu'il faut à la Marine,** par le contre-amiral de Cuverville, sénateur. 1906. Un volume in-12, broché . . . . 3 fr.

La Marine russe dans la Guerre russo-japonaise. ***Après le départ de la deuxième Escadre du Pacifique,*** par le capitaine de frégate N. L. Klado, de la marine Impériale russe, professeur aux académies de marine et de guerre à Saint-Pétersbourg. Traduit avec l'autorisation de l'auteur par René Marchand. 1905. Un volume in-12 de 330 pages, avec 2 portraits et 5 gravures, br. 3 fr. 50

La Bataille de Tsoushima. — *Avec la réponse de l'auteur à la protestation du contre-amiral Enquist,* par le même. Traduit, avec l'autorisation de l'auteur, par René Marchand. 1905. Un volume in-12, avec 21 schémas, broché. 3 fr. 50

Amiral TOGO. — Rapport officiel sur la Bataille de Tsoushima. 1905. Brochure in-12. . . . . 1 fr.

La Flotte nécessaire. *Ses avantages stratégiques, tactiques et économiques,* par le contre-amiral F. E. Fournier. 1896. Un volume in-12, broché . . . 3 fr.

Notre Marine de guerre. *Réformes essentielles,* par Un Marin. 1904. Un volume in-12, broché. . . . . 2 fr.

Une Marine rationnelle. *La flotte utile. Les réformes nécessaires de notre organisme naval,* par J. L. de Maconge. 1903. Un volume in-8, broché. 2 fr.

La Marine de guerre. *Six mois rue Royale,* par Édouard Lockroy, député, ancien ministre de la marine. 2e édition. 1897. Un vol. in-8 de 391 pages, br. 5 fr.

La Défense navale, par le même. 1899. Un volume in-8 de 582 pages, br. 6 fr.

Du Weser à la Vistule. *Lettres sur la marine allemande,* par le même. 1901. Un volume in-12, broché . . . . 3 fr. 50

Les Torpilles et les Mines sous-marines, par H. Noalhat. Préface de Paul Fontin, ancien secrétaire de l'amiral Aube, directeur de la *Ligue du progrès naval.* 1905. Un volume in-8 de 491 pages, avec 268 figures, broché . . . . 8 fr.

Les Sous-marins et la prochaine guerre, par le même. 1904. Un volume in-12, avec 21 figures, broché. . . . . 3 fr. 50

Études sur la Marine de guerre, par ***. *La Stratégie navale. — La Tactique de marche d'une armée navale. — Croiseurs et éclaireurs, etc.* 1898. Un volume in-8 de 312 pages, avec 6 croquis et 3 cartes, broché . . . . . . 5 fr.

Réformes navales, par Paul Fontin, ancien secrétaire particulier de l'amiral Aube, et le commandant Vignot, ancien officier d'ordonnance de l'amiral Aube, ancien chef adjoint du cabinet militaire de M. Lockroy (commandant Z... et H. Montéchant). 1899. Un volume in-12 de 316 pages, broché. . . . . . 3 fr.

La Faillite de la marine. *Étude critique maritime et militaire,* par A. Demigny. 1899. Un volume in-12, broché . . . . 2 fr.

La Guerre sur mer et ses leçons. *Guerre hispano-américaine (1898),* par le capitaine Mahan, de la marine des États-Unis. Traduit par le comte Alphonse de Diesbach. 1899. Un volume in-8, avec 2 cartes . . . . 4 fr.

Les Flottes de combat en 1907, par le capitaine de frégate de Balincourt. 6e édition. Un volume in-16 de 784 pages, avec 359 figures schématiques de bâtiments, relié en percaline souple, tranches rouges. . . . . 5 fr.

www.ingramcontent.com/pod-product-compliance
Ingram Content Group UK Ltd.
Pitfield, Milton Keynes, MK11 3LW, UK
UKHW012019240726
13965UKWH00002B/464